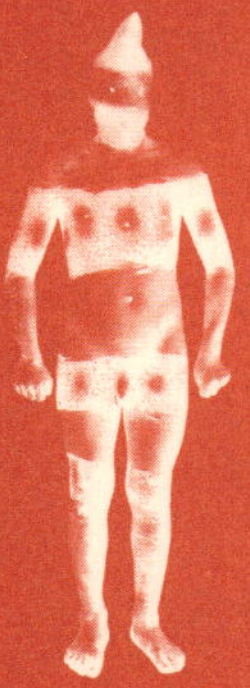

HAIN

Initiation Ceremony of the Selk'nam of Tierra del Fuego

Anne Chapman

ハイン
地の果ての祭典
南米フエゴ諸島先住民セルクナムの生と死

アン・チャップマン
大川豪司＝訳

新評論

Anne CHAPMAN

HAIN

INITIATION CEREMONY
OF THE SELKNAM OF TIERRA DEL FUEGO
Photos by Martin GUSINDE

本編をお読みいただく前に

著者アン・チャップマンにはティエラ・デル・フエゴ（フエゴ諸島）の先住民に関する複数の著書があるが、本書はそのうちの一部族、セルクナム族の祭典ハインについて書かれたものだ。冒頭からこの祭典と背景にある神話の詳細な話に入っていき、わかりにくく感じられるかもしれないので、本編と一部重複する内容もあるが、ティエラ・デル・フエゴの風土、そこに生きたセルクナム族らの先住民、彼らと西洋人との接触などについて簡単に概説しておきたい。

ティエラ・デル・フエゴ――南米大陸の南端に、マゼラン海峡で本土と隔てられて点在するこの島々は、人間が定住した世界で最も南の地だった。現在チリ領、アルゼンチン領のふたつに分けられている（6頁地図1参照）。最も大きな島イスラ・グランデは九州の一・三倍ほどの面積で、北部は南米大陸南部のパタゴニア平原の延長となっていて、平坦な草原地帯だ。南部はアンデス山脈の末端部となっている。全体に氷河に削り取られたフィヨルド地形で、点在する島々はかつて山脈の頂だった。

ティエラ・デル・フエゴは南極大陸と一〇〇〇キロも離れていない。夏は午前四時頃から真夜中過ぎまで日が差し、冬は日の出が一〇時頃で日没は午後五時頃だ。平地の夏の平均気温は約一〇度で真夏でも霜が降りることがある。真冬の平均気温が約一・五度、最低気温がマイナス二〇度になることもあり、一年を通して湿った強い風が吹くこの酷寒の地に、少なくとも九〇〇〇年前頃から人が住んでいたことがわかっている。

確認されているこの地の先住民はセルクナム（別名オナ）、ハウシュ、アラカルフ（別名カウェスカー、主にパタゴニア本土南西部沿岸に住んでいた）、ヤマナ（別名ヤーガン）の四つの部族だった。それぞれ異なった言葉を話し、生活様式も前二者が内陸部での狩猟採集、後二者が沿岸部での漁労を営む「カヌーの民」と、異なっていた。

この地に人が住んでいることが外の世界の者に初めて知られたのは、一五二〇年、マゼランの艦隊が大西洋から太平洋に出る際、現マゼラン海峡を通過したときのことだ。彼らは人の姿を目にすることはなかったが、イスラ・グランデの海岸でたき火からあがる煙を目にした。このことが「ティエラ・デル・フエゴ＝火の国」の名の由来となっている。

一五七八年、イギリスの「海賊」フランシス・ドレークがホーン岬とドレーク海峡を発見、それまで大きな大陸の一部と考えられていたティエラ・デル・フエゴが島であることが確認された。彼はヤマナ族かアラカルフ族に会い、これがティエラ・デル・フエゴの先住民と西洋人の初めての接触となる。

キャプテン・クックも一七六九年、一七七四年の二度、ハウシュ族、アラカルフ族と接触している。クックはハウシュ族について「今日の世界で最も悲惨な民族」と評した。

ティエラ・デル・フエゴに住む部族はほぼ裸身、もしくはグアナコやアザラシの毛皮一枚のみ身にまとっていた。移動しながらの生活だったため、手早く設営・解体ができる簡易な小屋に住んでいた。南極大陸に近い厳しい寒冷地への適応力には驚くべきものがあるが、当時の多くの西洋人から見れば、それは惨めで野蛮であるということにほかならなかった。

ダーウィンは一八三二年のビーグル号航海において、ハウシュ、ヤマナの二部族と遭遇しているが、彼の日記からみてとれるのは、彼らに対する嫌悪と侮蔑だけだ。ヤマナ族については以下のように記している。

こういう人びとを眺めると、かれらが同じこの世にすむ同類というか、仲間だとは信じられなくなる。下等な生物が味わう楽しみとはどんなものか、世間でよく話題にのぼるが、かれら未開人たちについても、同じ疑問にどれくらいもっともらしい答えが返せるだろうか！

（『新訳　ビーグル号航海記』荒俣宏訳、平凡社、上巻、二〇一三年、三九七頁より）

ビーグル号はダーウィンが参加した二度目の航海の数年前、第一回目の航海を行っているが、この時もティエラ・デル・フエゴを訪れていて、船長のロバート・フィツロイはヤマナ族の男二人、男女の子ども二人の計四人を捕らえて産業革命下のイギリスに連れ帰った。彼らを「キリスト教化」「文明化」し、二度目の航海で、亡くなった一人の男を除いた三人を故郷に戻すという実験をしている。男の子の一人オルンデリコは、フィツロイが真珠貝のボタンと交換したため、ジェミー・バトン（「キラキラしたボタン」をもじった名）と呼ばれた。ジェミー・バトンらは約一年ほどイギリスに住み、イギリス式の生活を身につけ、国王、王妃に謁見し、地の果てから来た野人の子どもとして大きな話題になった。故郷に戻されたジェミー・バトンは、服を脱ぎ、すぐにかつての暮らし方に回帰するが、後にイギリスへの復讐者として再び歴史に名を残した。一八五九年、ウライア湾に建てられた英国国教会で白人伝道師たちがヤマナ族によって殺害された。この事件を先導したのがジェミー・バトンだったと言われている。

当時ティエラ・デル・フエゴの先住民には食人の習慣があると紹介されていた。これはアザラシ猟を行っていた白人がヤマナ族の少年から聞いた話に基づくとされ、ダーウィンの手記にも書かれているが、これを裏づける証拠は見つかっておらず、誤解か意図的に作られた話と考えられている。だが、このイメージは広く流布され、先住民は度々捕らえられ、ヨーロッパで「食人族」として見せ物にされた。フィツロイの報告と地図は、南の果ての地への関心、野心を刺激し、布教、植民、そして「文明人」による野蛮極まりない数々の行為へと道を拓くことになる。

一六世紀以降、ティエラ・デル・フエゴの先住民と西洋人との間では度々衝突があり、双方に死者が出ているが、一八八〇年頃から島民の生活は根底から脅かされるようになった。イスラ・グランデで金が発見され、多くのゴールド・ハンターがやってきた。また、平原は広大な羊牧地になり、セルクナム、ハウシュの両部族は生活の基盤である狩り場を失うことになる。入植者にとって邪魔な存在でしかなかった先住民、特にイスラ・グランデに広く暮らしていたセルクナム族の「排除」は正当化され、国家黙認の大規模な虐殺が行われた。殺害には対価も支払われたが、効率よく数を減らすため、女性には割増し料がつけられたという（「狩られた」者が女性であることを証明するため、切り落とした耳や手首に乳房が添えられたこともあった）。

また、キリスト教の伝道所＝ミッションへの収容が強制され、海の民からカヌーが、陸の民からは弓矢が奪われた。閉鎖的な空間に詰め込まれ、服を着て寝具で寝るという「文明的な」生活は、西洋人が持ち込んだインフルエンザ、はしか、結核などの伝染病の蔓延に拍車をかけ、ミッションを生きて出た者はごくわずかだった。

こうして、一九世紀半ばには少なくとも四〇〇〇人はいたと考えられているセルクナム族とハウシュ族は、一九三〇年には一〇〇人ほどになっていた。本編で後述されるように、一九九九年に生粋のセルクナム族の最後の女性が亡くなる。ハウシュ族も絶滅した。生粋のアラカルフ族は二〇〇六年の時点で一五人という記録がある。

ティエラ・デル・フエゴ最南端に住んだヤマナ族の最後の生粋の末裔は、ウルスラとクリスチーナのカルデロン姉妹だった。二人は一九九〇年代以降、さまざまなメディアで紹介されたが、ウルスラが亡くなり、二〇一七年現在、クリスチーナが八九歳で最後のヤマナ族となっている。

ティエラ・デル・フエゴの先住民の文化はそれがほぼ絶えてしまった後、一九九〇年代に入ってから大きく注目されることになる。なかでも驚きをもって「再発見」されたのが、本書に多数収録されているドイツ人人類学者マルティン・グシンデによるセルクナム族の身体彩色と扮装の写真だ。チリのパフォーマンス・アート集団タレル・エクスペリメンタル・キュエルポス・ピンタドスなどによって紹介されると、世界で他に類をみないユニークな文化としてとりあげられるようになった（彼らの写真はヤーガン＝ヤマナ族のものとして誤って紹介されていることが多いが）。

アルゼンチンやチリのテレビ番組で紹介され、子ども向けのアニメーションが作られたり、アルゼンチンのアーティスト、ファナ・モリーナの歌のテーマになったり、最近ではチリの映画監督パトリシオ・グスマンのチリ史のドキュメント映画『真珠のボタン』でもとりあげられている。日本でも二〇一五年にグシンデの写真展が開催されるなど、セルクナム族の姿は広く知られるようになった。

セルクナムの言葉、伝統文化の記憶を留めていた最後の人びとと交流し、歌を録音し、ドキュメンタリー映画を作るなど、生涯を通じて先住民の文化の研究と紹介に取り組んだのが著者アン・チャップマンだった。本書で彼女はマルティン・グシンデ、イスラ・グランデの牧場主の息子ルーカス・ブリッジズ、初期伝道師たちの記録、そして友人であったセルクナムの末裔たちの話などを元に、地の果てで行われていた類い稀な儀式「ハイン」の様子を再現している。

編集部

1 ▶ ティエラ・デル・フエゴと諸部族のおおまかなテリトリー

ハイン　地の果ての祭典

南米フエゴ諸島先住民セルクナムの生と死

ハイン　地の果ての祭典◎目次

V その後のこと

凡　例

◎原注番号は本文行間に（　）で示し、注の内容は巻末にまとめて記載した。

◎本文中〔　〕で括られた部分は訳者による補足・注である。

◎本文中#マークと数字で示されているのは、セルクナム族のシャーマン、ロラ・キエプヒャによる詠唱の曲番である。曲番は巻末の「ハインの詠唱の曲目一覧」に対応している。

◎人名表記は出身地での発音に統一した。ただしマルティン・グシンデはドイツ人なので、本来はマーティン・グジンデと表記すべきだが、本人が南山大学在籍時にスペイン語読みであるマルティン・グシンデを使用していたため例外とした。

◎アルゼンチン、チリ南部にはIsla Grande をイラ・グランデ、Ushuaia をウスアイアと呼ぶなど、独特な発音の傾向があるが、本書ではスペイン語地名の発音については一般的なものを使用している。

一九六六年、ロラ・キエプヒャがハインの詠唱を録音した時には、
ハインの祭典がすたれてから三〇年以上の時が経っていた。

彼女は私に、北方（マゼラン海峡の北）のインディオたちのために歌っているのだと言った。

だから私はこの本を彼らに捧げることにした。

もちろん、この偉大な伝統に愛着を感じているセルクナム族の子孫たちにも。

——アン・チャップマン

はじめに

両親ともにセルクナムだった最後の者は一九九九年に亡くなったが（Ⅴ章参照）、セルクナム族（オナ族という名でも知られる）[1]の子孫は、まだティエラ・デル・フエゴのアルゼンチン領に住んでいる。彼らにとって先祖からの伝統は切っても切り離せないものだ。この本が彼らと、ハインの祭典の偉大なる文化的・芸術的創造性を認める人びとの役にたつことを願っている。

一八八〇年頃のセルクナム族と、隣接して住んでいたハウシュ族の人口は、合わせて三五〇〇～四〇〇〇人だったと見積もられている。これらの人びとが「消滅した」基本的な原因は、その地域へのヨーロッパ人の到来と、一八八一年にアルゼンチンおよびチリ政府がマゼラン海峡以南の島々を領有化したことに始まる、彼らの土地の植民地化だった（地図1）。なかでも、セルクナム族の故郷であるイスラ・グランデを占領したヨーロッパ人が、とりわけ大きな原因となった。伝道と人道的活動をほどこしに来た者もいたし、領土の探検に来た者もいたが、大多数は天然資源が目当てだった。こうした外国人たちがいや応なくもたらした病気が蔓延し、先住民の人口を大幅に減らした。さらに相当な数の先住民が、ヨーロッパ人連中による大量虐殺やさまざまな殺害の犠牲となった。宣教師や一部の牧場主が彼らを守ろうと努力はしたのだが――。その他に、二〇世紀初頭の同族間の争いで死んだセルクナムもいた（Ⅱ章とⅤ章参照）。

最後のハインが行われたのは一九三三年だが、一九二三年に催されたハインの方が、ずっと多くの記録が残されている。これはドイツ人の人類学者、マルティン・グシンデ神父の文書と写真による記録と、彼に手を貸したセルクナム族とハウシュ族の助けがあったからだ（Ⅲ章およびⅣ章参照）。

セルクナム族は、イスラ・グランデの大部分に広がっていた。島の南東部の外れに住んでいたハウシュ族は、セルクナム族よりも前にパタゴニア本土から移ってきており、かつてはおそらくもっと広い領域を占有していた[2]。セルクナム族と同様、彼らはグアナコを狩っていた。両集団ともパタゴニアから豊かな文化を持ちこんだ。ハウシュ族はセルクナム族より温和だったが、それは何世紀にもわたって島の突端部に追いやられていたからだった。とはいえ、少なくとも一九世紀末の時点では両部族間の関係は平和だった。時には一緒にハインの祭典を行うこともあった。彼らの言語は同じ源から派生したのかもしれないが、互いに理解しあえるほど近い関係ではなかった。ただ、どちらの言葉も話せる者はかなりいただろう。マルティン・グシンデは、セルクナム族とハウシュ族の間のいくつかの文化的な違いを知ってはいたが、両者を別民族とはみなさなかった[3]。

私が初めてティエラ・デル・フエゴを訪れたのは、アネット・ラミン＝オンペレール博士率いる考古学チームの一員としてだった。私は考古学者ではないので、オンペレール氏は、私が彼女の助手の下で働くようにしてくれた。ティエラ・デル・フエゴに行こうと思ったのは、ロラ・キエプヒャ（写真2）に会うためだった。彼女が「最後のオナ族」だとオンペレール氏が言っていたからだ。ある意味では確かにそうだった。当時一五ないし二〇人のセルクナムおよびメスティソ（白人との混血）が古《いにしえ》の文化に関して何らかのことを知っていたが、セルクナムとして（若い時のことだが）生きてきたのはロラ・キエプヒャだけだった。それは彼女が最年長（九〇歳）であり、またシャーマンでもあったからだ。彼女は幾多のハインの祭典に参加したが、一九二三年の時には加わっていない。現存するハインの詠唱を集大成できたのは、ひとえに彼女のおかげだ。一九六六年に彼女の声を録音することができたが、それは彼女が亡くなる七か月前のことだった[4]。

一九六七年、私はその前の年にも会っていたアンヘラ・ロイヒという人物に会いにティエラ・デル・フエゴに戻ってきた。録音したロラの詠唱を翻訳する手伝いをしてもらうためだった。そのとき初めて、アンヘラがセルクナムの文化に関して非常に多くのことを知っていることに気づいた。彼女は一九〇〇年頃羊牧場で生まれたが、その頃にはセルクナム（およびハウシュ）は五〇〇人くらいしか残っていなかった。アンヘラは一九七四年に亡くなるまで、私にとって一番の情報提供者となった。彼女は一九二三年のハインに参加していた。グシンデは彼女の名前には言及していないが、何枚も写真に撮っている（写真18、55、そしておそらく20も）。

その他の私の友人で情報提供者でもあったのは、エステバン・イシュトンとフェデリコ・エチュライネ（写真15）だった。彼らは一九二三年のハインには加わっていないが、それはその数年前のハインですでに成年となっていたからだ。私が出会った後まもなくしてエステバンは亡くなり、それにより失われたものはあまりにも大きかった。しかし私はフェデリコとともに、彼が亡くなる一九七九年までなんとか断続的に調査を続けた。彼は一九一九年にグシンデを知り、馬に乗って彼のガイド役を務めた（Ⅲ章参照）。フェデリコの母アトルはセルクナムだった（彼は父親を知らない。ノルウェー人の船員だったとのこと）。同世代のほとんどの男と同じく、彼は島の羊牧場で一生働いた。

ルイス・ガリバルディ・オンテにもハインの思い出があった。母親がハウシュで、父親はスペイン人かイタリア人だが、フェデリコの場合と同じく一度も会ったことはなかった。彼は親方として島のあちこちで働いたが、私が会ったときにはすでにかなり高齢だった。彼は母親の親族のことを話すのが好きで、とりわけ彼を育てた祖母のヨイモルカとの暮らしを懐かしんでいた。一九一七年、一八歳の時、彼がハイン小屋の周りをうろつき、祭典のさなかだったハインについてうるさく聞いてくるのを大人たちが嫌がって、ハイン小屋の中へ送り込んだ。かくしてルイス・ガリバルディは、詮索好きの罰としてクロケテン（成人候補）にされたのだった。

ロラ、アンヘラ、そしてフェデリコは、ハインに関する最も重要な情報源だった。本文では彼らを呼ぶのにファーストネームを用いた。ルイス・ガリバルディ・オンテは彼の友人が呼んでいたようにガリバルディとした。その他の人物のことは姓で表した。

この本のために用いた文献は、一九二三年のハインに五週間参加したマルティン・グシンデの諸作、二〇世紀初頭のハインをいくつか目の当たりにしたルーカス・ブリッジズが書いたもの、そしておそらく一九一四年より前にハインの祭典を目撃したファン・ゼノーネ神父のものだ。私の知るかぎりでは、少なくとも祭典の一部を見てその報告を本にまとめた外国人はこの三人だけだ。

アン・チャップマン

2▶ロラ・キエプヒャ。アルゼンチン領ティエラ・デル・フエゴの特別保留地における最後のシャーマン。1966年、アン・チャップマン撮影。

I

セルクナムの神話

ハイン、この「偉大なる祭典」は何のためか

セルクナム族とハウシュ族のこの偉大な祭り、ハインは、彼らの文化が事実上破壊される（一八八〇年に始まった）前には、一年、あるいはもっと長く続くものだったのかもしれない。それは若い男たちが通過儀礼を受ける行事で、かつては一七歳から二〇歳の者がその対象だった。祭典は、クロケテンと呼ばれる成人候補者たちが、ショールトという「精霊」に拷問を受ける儀式で始まる。その終わりには、大人たちが精霊の仮面を取るようクロケテンに命じる。すると彼は、自分と同じ人間の顔を目の当たりにするのだ。

クロケテンたちは、その後ハイン小屋の中にいる間に、「秘密」を守ることを誓わされる。祭典の最中に現れる「精霊たち」が、男たちの変装にすぎないということを、決して女や子どもたちに明かしはしないと――。ハインが続く間ずっと、クロケテンは厳しく鍛錬される。狩人の訓練として、長い遠征に連れ出され、狩りの難しさを身をもって知るのだ。彼とその家族は、その後一生狩りによって生きていくことになる。彼が教わるのは、大人としての役割を果たすことだ。ハインの祭典が延々と続いたのは、これが理由の一つだった。

ハインの重要な目的としては他に、父権制社会を守ることがあった。女たちを男たちの、わけても夫としての男の支配下におく体制を維持するため、それ故の「秘密」だった。女たちは、「精霊たち」、とくにショールトは実在すると信じていたようだ。祭典ではまず最初に、ショールトとその妻サルペンが地下世界からハイン小屋中央にある炉火を通って出て来る。サルペンが姿を見せることは滅多にないが、その叫び声がしばしば小屋の中から聞こえてくる。同じくあとで「舞台」に出されることになる彼女の犠牲者たちの叫びも――。女たちがショールトを恐れたのは、単に超自然の存在で男の味方だからというだけでなく、女たちと子どもたちが暮らす宿営地に、毎日のよ

うにやって来るからだった。住まいを壊すなど、女たちに甚大な損害をもたらし、さらには女を叩くことさえあった。それはとくに、おとなしく自分の言うことを聞かないと夫が訴えていた従順でない妻たちに向けられた。ハインはしかし、単に若い男を鍛え、女たちに「身のほど」をわきまえさせておくための行事には留まらなかった。それは社交のひとときでもあり、男たちのみならず女たちにとっても楽しみなものだったのだ。――ただしクロケテンたちにとっては別だが。

この祭典が「何のためのものか」、これで全て説明しきれたわけではない。後述する第一の神話にその思想上の根拠が表れているといえるだろう。セルクナムの社会は極端な父権制だった。共同体全体に関わる問題の決定権は男たちがにぎっていた。父系制および夫方居住という制度により「生産手段」である土地――狩猟と居住のためのテリトリー――の相続権も男たちのものだった。シャーマン、予言者、賢人といった名誉ある地位に就く者――秘伝のしきたりをこと細かに知る者――も、男の方が断然多かった。

それゆえ、男たちが自分たちの社会を思想的に正当化するため、その根拠を正反対のものである母権制に求めたのも不思議ではない。こうした敵対者の役割というのは、わりとよくあるものだ。私たちの「民主的」資本主義社会と根本的な対照をなすものとして、どういう型の社会が考えられるだろうか。明らかにそれは「全体主義的」共産主義だろう。共産主義の脅威は資本主義を思想上正当化するものだったし、いまだにそうだ。もっと公平な社会を望んでいる者にとっては、共産主義は一種の理想郷として映るかもしれないし、それは夢だと思う者もいるだろう。だが多くの者にとって、それは悪夢と映っている。セルクナム族にとっては、母権制が復活するという脅威が、現状維持を正当化する根拠となっていたのだ。男にとって暗黒でしかない状態になるのを防ぐためのものだ。万が一偉大な女性シャーマンの「月」〔後述〕が再び統治するようなことになれば、その夫である「太陽」、そしてほかの男たちもみな、打ちのめされてしまうだろう。だが、女たちにとっては母権制は理想郷、あるいは儚い望み、手の届かぬ憧れだったかもしれない。もっとも彼女たちは「母権制の神話」を知らないことになっていたのだが――。私たちにとっては神話だが、セルクナムの男たちにとって、それはいつ起こるとも知れぬ脅威だったのだ。

母権制および女たちのハイン崩壊の神話(1)

「ホーウィンの時代」(神話時代)には、女が情け容赦なく男を支配していた。狩りに行かせ、その他の必需品の入手を命じ、子どもの世話などのあらゆる家庭の雑事をさせていたのだ。男たちは恐怖と服従の悲惨な生活を送っていた。宿営地に肉をもたらす弓矢を持ってはいたが、そんな武器が魔法や病気に対して何の役に立つだろう、と彼らは思うのだった。

なにか話し合うべきことがあれば、女たちだけで集まり、男は小屋に残された。女たちの輪に男が加わることは許されなかったのだ。女があらゆる決定を下し、そして指図した。男は言われたことをするしかなかった。

しかし男たちは力が強く数も多いので、いつか反抗し、服従を拒む日が来るかもしれない――女たちの中でも一番頭の良い者がこういう恐れを抱いた。男たちをおとなしくさせておくには、どうすればいいか、女たちは長いこと考えを巡らせた。そしてついに答えを思いついた。精霊に扮して男たちをたぶらかし、怖がらせようと企んだのだ。女たちがハインの祭典を「作り出した」のだ。

男たちが日の出から日の入りまであくせく働いている間、女たちは大きな小屋でごろごろしていた。その小屋を彼女たちはハインと呼んだ〔祭典自体と同じ名〕。男たちがもしその小屋に近づこうとでもしようものなら殺されたことだろう。しかし男たちはそんなことは思いもしなかっただろう。それほど女たちの脅威に圧倒されていたのだ。

女たちの中でも抜きんでていたのがクレー(「月」)というシャーマンで、途方もない支配力をもち、女たちの並ぶものなき指導者であり、ひいては男たちの指導者でもあった。ハインの祭りの進行に関しては、彼女が全てをとり仕切り、決定を下した。その力はあまりに強大で、男たちが圧倒的な勝利をおさめた後の今日でさえ、母権制時代の女たちの中で彼女だけはいまだに敬われ、恐れられている。特に「彼女」が蝕に入ったときがそうだ。

折にふれて「月」の女がハインの実施の決定を下した。「月」は厳格な女帝だった。成人として認められた後の若い女が、無精だったり礼儀をわきまえなかったり生意気だったりすると、これを殺すことさえあるということだった。だがハインを催したのは男たちをだますためでもある。祭典の最中に姿を見せる精霊たち（女たちの扮装）は、勝手気ままで、大変な力を持ち、女たちもふくめ誰もがその為すがままになるしかないと、信じこませるためだったのだ。「ずるい女たちはこうやって、男たちを脅かし、臆病にし、永遠に自分たちの言いなりになるようにしておこうという下心を抱いていた」。

全くの秘密裏に、「月」はさまざまな精霊の役をどの女がやるか決めていった。演じることになった者は、男たちの目をくらますべく、自分が演じる精霊の立ち姿、歩き方、身ぶりを何日にもわたって練習した。精霊（と、男たちは聞かされている）の中には祭典に加わろうと、地の底から立ち昇って大きな小屋にやって来る者もいたし、天界から下って夜のうちに小屋に入ってくる者もいた。男たちに賞賛と恐怖の念を引き起こし、想像力をかき立てて、精霊の力を心に刻みつけてやろう、というのが女たちの狙いだった。行いが良くないと思われる男や、時折わずかでも女性の専制に反抗を示す男がいると、ショールトという名の精霊がその者を探し出して罰を加える。この精霊は男たちが住んでいる宿営地を日々訪れていた。この祭典で、男たちは過剰なまでに畏怖の念を抱き、我慢の限界まで追い込まれた。反乱を起こそうなどという気は決して起こらなかった。女たちが永久に彼らの主人であるのは、世界を支配する精霊が決めたことだ――男たちはそう思い知らされた。

「月」の女が命じた雑用を、女たちは夫たちに割りふった。女たちはほぼ一年中大きなハイン小屋の中で過ごした。

日中、誰か一人が宿営地に戻り、少しだけそこにいて、夫に新たな仕事を命じた。また夫が用意しておいた炙り肉を食べることもある。常にとても腹をすかせているのだ。ときどき夫と寝ることもある。しかし原則として女たちは大きな小屋で眠り、夜を過ごしに宿営地へ来ることは滅多になかった。

祭典の間、サルペンという名の恐ろしい女性の精霊が地の奥底より立ち昇り、大きな小屋へ入って来る。彼女は大喰らいで、そのけた外れの食欲から、男たちが持ってくる肉を待ちかねている（女たちが食べるのだが）。サルペンは女たちに対してさえ恐ろしく気ままで、ハイン小屋に集っている者全員をいついかなる時に虐殺するか知れたものではない――。男たちはこう信じ込まされていた。かくして男たちは二重の悩みを抱えていたことになる。サルペンの飽くことを知らぬ食欲を満たすべくひっきりなしに狩りに行かねばならず、しかもそうした努力にもかかわらず、サルペンが女たちをみな切り裂いてしまうかもしれないと脅されていたのだ。その間、大きな小屋では女たちがサルペンにもたらされた肉に舌鼓を打ちつつ、男たちは信じがたいほど単純で愚かだと、意地悪く笑い飛ばしていたのだった。

サルペンが男たちに姿を見せることは滅多になかった。だが彼女が地下の住まいからハイン（大きな小屋）にやって来ると、身の毛もよだつような女たちの叫び声と、ドンドンというサルペンの脅す声が聞こえてくるのでそれとわかった。そして同時に大きな小屋の壁が揺れ、てっぺんから炎が上がるのが見えるのだった。その他の精霊たちはこれほど派手に登場することはなく、ハイン小屋の中から聞こえてくる女たちの詠唱がその知らせとなり、男たちの注意をひくのだった。

そのような日々が続いていたある日のこと、「太陽」（「月」の夫クレン）が殺したばかりのグアナコ（セルクナム族の主要な獲物で食物）を抱え、ハイン小屋の近くを通りかかった。突然二人の若い女の声が聞こえてきた。彼は音をたてないよう荷を置くと、様子を探ろうと這って近づいて行った。二人の女は、祭典でやるクテルネン（サルペンの赤ん坊）ともう一つ別の精霊の役を練習していたのだった。そして、男たちをだまして精霊が本物だと信じ込ませるのは面白いと言いつつ、からからと笑っている。「太陽」はがく然とした。二人の様子を見ただけでなく、その皮肉な言葉を聞いたからだ。呆然とし混乱しつつも、彼は間もなく真相に気づいた。ハインの祭典は何から何まで女たちが仕組んだいかさまだ。そうして男たちが言いなりになるようにしておこうというのだ。「太陽」は姿を現して怒鳴った。「このインチキな女ども！　そうやって俺たち男をだましてきたんだな！　もう全部わかったぞ！」二人の若い女はぎょっとして、次の瞬間コ・オクロル鳥（オウゴンヒワあるいはカモ）となった。

さて宿営地では、男たちが知らせを聞いて激怒した。だが「太陽の男」と同じく憤激を抑え、女たちを倒す計画を練り始めた。長いこと考えぬいたあげく、「太陽」の勧めに従って、ついに行動に移す決意をした。ハイン小屋にいる女たちの様子を探るため、一番小柄な者のうち足の速い数名を送り出した。次々と草地を駆け抜け、小屋に入って壁伝いに素早く移動し、女たちに見つかることはなかった。後にこのスパイたちは草原の小鳥となった。一人ひとり戻ってくるたび興奮しながら同じ話をした。「いたのは妻たちと娘たちだけだ！　あの大きな小屋には他に誰もいはしない！　本当に女たちと娘たちだけなんだ！　その後ろには一つずつ仮面がもたせかけてあった。あそこに座っているのは女たちだけだ！」

男たちは次にどうすべきか長々と協議した。後にミヤコドリになる華奢な男が遣わされた。彼は大きな小屋の間近まで忍び寄って、女たちが何をしているかを見張り、そして絶好の機会に男たちが攻撃できるよう、口笛で合図することになっていた。一方、女たちは不安を募らせていた。男たちのもくろみを探ろうと、サルペンへの肉を要求するという口実のもと、「月」は娘のタムタムとその他数名の女を宿営地へ送り込んだ。するとタムタムの父親である「太陽」が、娘の前に立ちはだかった。「ほら、この肉を持っていけ。今日あるのはこれだけだ！　お前の母親や他の女たちに持っていくがいい。これを食べて味わうのは結局おまえたちなのだろう。あの大きな小屋の女たち全員の分としては、これだけあればたくさんだ！」。こう言われて彼女たちはがく然とした。

タムタムとその連れは、ハイン小屋へ肉を引きずっていった。恐怖で蒼ざめたタムタムが起こったことを伝えると、女たち全員が同じ恐怖を感じた。すると「月」がまた命じた。「すぐにショールトが宿営地を探りに行け。注意深く男たちを監視し、何か企んでいないか、あらゆる話に耳をそばだてるのだ。事は急を要する！」。直ちにショールトが宿営地へと送られた。他にも何人かの女が近くまで行き、男たちがショールトのことを何と言うかを報告した。「あれが本当にショールトかどうかわかるものか」ある男が言っていた。「女たちの誰かが、体に色を塗ってるだけなんじゃないか？　それを俺たちはショールトだと信じるってわけだ！」。こう怒鳴る男もいた。

女たちの中でも特に賢い者たちはどうすべきか協議しながら、不安と不吉な予感におののいていた。ついに「月」が宿営地の男たちに向かって、サルペンが女たちを全員虐殺するだろうと怒鳴った。「静まれ！　サルペンがたいそう腹を立て憤っている！」。だがこの言葉も男たちは信じようとしなかった。もうどうすれば良いかわからず、「月」もこうなっては認めざるをえなかった。「われらの立場は危うい。いま一度男たちを怖がらせてみようではないか」。女たちは急いで二列に並び、ハイン小屋の両側から一列ずつ出て来ると草原へ向かった。「月」は先頭に立ち、男たちを見すえた。そして大声で近寄るよう命じ、これからサルペンが女たちを一人ひとり小屋へ呼び込んでは貪り食うのだと告げた。これで男たちは震えあがるはずだった。だが、男たちは震えあがるどころか、弓矢と太い棍棒で武装した。突然、攻撃の合図が響いた。大きな小屋の近くに潜んでいた「ミヤコドリ」の口笛だ。男たちは草原を横切り、ゆっくりと女たちの方へ進み始めた。これに抗おうと、「月」は破れかぶれになって怒鳴った。「男たちよ、そんなに近寄るな。小屋から離れていろ。近寄るな、男ども。サルペンが飛び出て来るぞ！」。だが彼らはどんどんやって来て、「月」とその他の女たちをハイン小屋の中へ押し戻した。それから「太陽」が大声で「女どもを打ちのめすのだ！」と雄叫びを上げた。うろたえるなか、女たちは慌てて大きな小屋の炉火を消したが、燠《おき》は燃え続けた。男たちは突進し、棍棒を振り回し、女たちに矢を突き立てた。どの男も女を捕まえ次第、喉を絞めた。

そして虐殺となった。夫は妻を殺し、父は娘を屠《ほふ》った。「太陽」は美しい娘のタムタムでさえ殺した（彼女はカナリヤになった）。中には身内の者を殺すに堪えない男もいた。脚にすがって懇願する自分の娘を守ろうとする男もいたが、その娘もついには殺められた。また自分の娘を守るため、仲間を相手に戦う者もいたが、それも空しい試みにすぎなかった。だが、一人が死体を凌辱するという醜態をさらすと、この様を見た男たちは憤激してこの男を殺した。その罪人は、喉に開いた傷口のような赤い斑点のあるトキになった。かくしてこの鳥には、とんでもないことをした罰として受けた致命傷の傷跡が、永遠に残っているのだ。ようやく虐殺が終わったときには、ハイン小屋の床にほぼ全ての女と娘の死体が血にまみれ、うつぶせになって横たわっていた。ただ一人だけ生き残った女がいた。

「太陽」は、不屈な心をもつ妻であり首謀者の「月」に挑みかかった。くすぶっている炉火から長い燃えさしを引きずり出すと、三度彼女を打ちすえた。だが、そうして責め苛んでいると、天が激しく震えた。空が崩れ落ちて大地を押し潰すのではないかと「太陽」は恐れ、叩くのをやめた。凄まじい強打を受け、「月」は顔から燠《おき》に倒れこんだ。「太陽」の弟である「風」も、燃え盛るたいまつで「月」を打ったという。だが、彼もその他の男も、彼女にとどめを刺す勇気はなかった。顔にひどい火傷を負った「月」は天へと逃れ、これをその夫が怒りに燃えながら追いかけた。「太陽」は未来永劫にわたり「月」を追いかけ続けるだろうが、決して捕まえられはしない。そして「月」は永遠に地上を見下ろすだろう。その顔に痣《あざ》と傷があるのは、大いなる反乱のときに受けたけがが元なのだった。彼女は敵である男たちを決して許しはしないだろう。そしていつまでも彼らに復讐しようとするのだ。「月」を逃してしまったとはいえ、男たちは勝ち誇っていた。女たちは老いも若きも全て屠られていた（その多くは動物、主に鳥となった)。子どもたちの中には、恐慌をきたして森へ逃げ込んだあげく、迷子になった者もいた。そしてキノコや草木の根、スグリを食べて生きのびた。時がたつにつれ、彼らは体中が毛でおおわれた。ついには話すこともできなくなり、ホシルというおぞましい生き物となった。そして今日に至るまで、森に出没するのだ。残っていた者の中で性別が女だったのは、無垢な幼女と赤ん坊だけだった。その子たちは母親や姉たちの背徳については何も知らなかった。

最初の男のハインと父権制の起源の神話(2)

男たちと子どもたちは、世界の果てであるマア・クムへと長い旅に出た。その間ずっと女たちの死を悼んでいた。彼らは東の果てウィンテクへ赴き、そこから遠路北の果てカムクへと回った。そこから今度は西の果てケネニクへと向かい、ついに南の果てケイ・クルックを通って地上へ帰り着いた(3)。

戻って来た時は冬だった。そのとき大いなる疑問が浮かんだ。男たちが今や手にしたこの優位を保つにはどうすればいいだろうか。いつかこの女の子たちが成長したとき、かつての支配権を回復しようと一致団結するかもしれない。これを阻止すべく、男たちは自分たちだけの秘密結社を設けた。

マウスタス地方(島の東南部、ハウシュ族の領地)に、利口で力も強い男たちが数多く集まり、そこに全て岩でできた壮大な建造物を建てた。男たちの最初のハイン小屋だ。その山(マウスタス)全体も——特にそそり立つ崖が石の柱が並んでいるかのように見えたため——巨大な円錐形の小屋のような姿をしていた。ホーウィン(神話時代)の偉大なるシャーマンである、強靭で長身、かつ男まえの男が七人、小屋を建てるため自分の住む地域から巨大な石柱をそれぞれ一本ずつ引きずってきたのだった。

これが男のハインの、七本のかなめの柱だ。（七人の）男たちはそれぞれ、立てたばかりの柱の下に座を占めた。後に彼らは七人の主要なショールトに扮する。みな長身で魅力的だったからだ（Ⅳ章参照）。

次にその他の男たちが補助の柱を持ってきて、各主柱の隙間をうめた。こうして、どの男もその壮大な建造物の一隅を割り当てられたのだ。

彼らの中でも最も偉大なシャーマンである「太陽の男」が、ハインの指揮をとることとなった。彼と他の誉れ高い男たちが小屋に集い、祭典の間の行事についてすべて合意に達した。さまざまな精霊にどの男が扮すればいいか、彼らは長いこと思い巡らせた。これは女たちがハインを仕切っていたとき、男たちをだまし脅かすのに使ったのと全く同じ精霊たちだ。かくして男のハインが始まり、以来ずっと続くことになる。

こうしたこと全て、そしてホーウィン時代のハインにまつわるその他もろもろの出来事を、未来永劫にわたって男たちの記憶の中だけに留めておくよう、最大限の注意をはらう必要があった。決して女たちに知られてはならないのだ。

ハインの秘密

一九六八年のある日、エステバン・イシュトンが私にこう語った。「女がハインの真相について何か思いついたとしても、絶対それはしゃべってはならないんだ。そんなことをしたらソオン（シャーマン）に殺されてしまうからな」。一九二三年のハインの間、相談役の長だったテネネスクは、クロケテンたちとグシンデに警告している。「男たちが（ハインの祭典用の）小屋でしていることは、絶対女に知られてはならない。この秘密はわれわれの最後の者が、墓まで持っていかなければならない」。

女たちは自分の劣位を自覚しており、男たちのはかり知れぬ力を恐れるあまり、不安に取りつかれている、とグシンデは述べている。長い祭典の間、男たちは昼も夜もほとんどハイン小屋で過ごすのだが、そこへは女であれ子どもであれ、近づくのは絶対禁止だった。小屋に誰もいないことなど決してなかった。男たちが狩りに出かけるときは、少なくとも一人が火の番のためにハイン小屋に残った。わけても女や子どもが近づくのを防ぐ必要があったし、また犬が仮面を傷つけたり、肉を貪ったりしないよう気をつけるためでもあった。宿営地からの肉はすべてサルペンが食べるということになっていた。そこで男たちは時どき宿営地へ行ってはとても空腹なふりをし、自分や他の狩人が家族の食用として手に入れていた肉をせがむのだった。

女たちと子どもたちが祭典の間に暮らす宿営地は、ハイン小屋から二〇〇メートルほど離れたところにあった。たいてい二、三人男がいて、女たちの会話に耳をそばだて、その態度に目を光らせていた。特にハインの精霊たちに関することがその対象となった。日々現れる精霊は扮装した男たちにすぎないという事実を、女たちは知らないのだと言われていた。精霊たちは祭典に加わるべく、地下から立ち昇りあるいは空から下って来るのだと言いきかされていた。だが、ルーカス・ブリッジズはこう述べている。

女というのは、男たちが考えたがるほど愚かではないかもしれない。このような醜怪で滑稽な(ハインの)化身の道化を見ながら、私はしばしば、オナ族の女たちも、男たちの粗雑な装いにだまされたふりをして、震えてみせているのではないか、と疑った。私はあるとき、女たちはああやって男たちを喜ばせてやろうとしているだけではないのかと、思いきって男たちに匂わせてみたことがある。すると、女たちは完全にたぶらかされていると、固く信じて疑わぬ様子が男たちの態度から明らかに見てとれた。私には、女たちがすっかりだまされているなどありえないとしか思えなかった……。ただこれだけは確かだ。もし女が自分の疑いを軽々しく口にし、それが男の耳に入れば、誰であれ背信者として殺されたことだろう。たとえ話した相手が女だったとしても。そしておそらく他の女たちも巻き込まれただろう。女たちは疑っていたかもしれないが、だとしてもそれは自分の胸にしまっておいたのだ。(4)

セルクナムの有名なシャーマン、ハリミンクがブリッジズにこう語っている。女や未成年の若者が「秘密」を知れば殺されるのはもちろんだが、それを明かした男にも同じ運命が待ち受けている。たとえその罪人を殺す役目の者がその父親や兄弟だったとしてもだ、と。グシンデもまた、このことを何度も言われている。

アンヘラが祭典に参加していたあるとき、彼女は女友だちに、精霊の一人が人間みたいだと囁いた。これを耳にした男が後でハイン小屋の男たちに逐一伝えた。私にこう語った後、アンヘラは真剣にこう述べた。「昔だったら、ソオン（シャーマン）が私を殺していただろうね」。

気をつけておかねばならないのだが、この文化では「殺す」という動詞に二つの意味が含まれている。人殺しと、シャーマンの持つ「殺生」の力だ。シャーマンがだれかしらを亡き者にしようと決意し、必要な手筈を整えると、シャーマンとのいかなる身体的接触もないまま、しばらくしてその犠牲者が死ぬことも時にはあった。それで死んでしまうということは、心理的な要因が作用したか、偶然の一致かのどちらかだったろう。この複雑な問題はここではとり上げないが、「殺す」というシャーマンの脅威は、その力（ワイウウィン）の行使を意味するにすぎず、身体への暴力でないことは、はっきりさせておくべきだろう。

一九二三年のハインの終盤、「秘密」を女たちの一人に明かしたかどで、グシンデ自身も男たちの一人に訴えられていた。緊張に満ちた時が流れたが、彼はついに自分の無実を男たちに納得させたのだった。(5)

一度ハイン小屋が建てられたら、その後その場所には近づいたことはない、とロラが私に語った。私とともに暮らした人生最後の年でさえ、彼女はあくまでハインの精霊はいると固く信じていた、というのが私の印象だ。祭典に現れる精霊は、男が扮していたのだとわかっていたけれども――。彼女の気分を害するかもしれないと思い、私はそのことについて直接彼女に問いただすことは控えた。アンヘラは、ハインの精霊がいると信じたことなどない、と確かに私に打ち明けた。そうであっても、祭典の小屋があったとされる場所へは決して近づかなかった。

アンヘラとフェデリコが私にハインについて語っていたある日のこと、アンヘラが少しの間部屋を離れた。するとフェデリコが私に言った。「もう全ては終わってしまったが、アンヘラはセルクナムの女なんだから、本当はこういったことを彼女の前では話してはならないんだ」。この時、最後のハインが開かれてから四〇年経っていた。

だが結局のところ、これは秘密だったのだろうか？　女たちは本当にだまされ、担《かつ》がれていたのだろうか？　そうでないのなら、彼女たちは祭典の間、なぜそうであるかのようにふるまったのだろう？　彼女たちは本当にハインの精霊はいると信じていたのだろうか？　そして男たちはどうだったのだろう？

3 ▶グアナコのケープをまとったセルクナムの女性。
1914 年、アルベルト・M・デ・アゴスティーニ撮影。

II

セルクナムの社会

かつての暮らし

ハインの祭典を理解する上で、セルクナム族の労働形態と社会関係を知っておく必要がある。性別による分業は厳しく規定されていたが、薪集めなど、男女ともに行った仕事も少しはあった。男は主にグアナコを狩り、時には狐を狩ることもあった。一方女は、モグラに似たトゥク・トゥクという齧歯類をよく捕ったが、これは島の北部に豊富にいた。この小動物は大量に食用にされ、その皮は衣服を作るのに使われることもあった。たとえば一八八六年、サン・セバスチャン湾の付近でジュリウス・ポペル〔45頁参照〕がセルクナムの女を不意打ちしたことがあったが、そのとき彼女は四〇〇匹のトゥク・トゥクを運んでいるところだった(1)（一回分の荷としては驚くべき量だ）。

しかし、食物、および衣服と住まいの素材としては、グアナコの方が好まれた。矢に毒を使わなかったので、俊足のグアナコを狩るのはとりわけ難しかった（この島の植物に毒性の物質を作るものはないようだ）。男たちは罠でさまざまな種類の鳥を捕らえた。ハウシュ族の領地ではセルクナム族の地域に比べ、アザラシがごく普通に見られたので、これもまた主に食用として捕獲された。男たちは、岸に流れ着いたクジラの死骸から肉と脂肪を切り取った。海洋民族ではなかったので、クジラを追うことはできなかった。道具作りもまた男の重要な仕事だった。

女たちは子どもの世話をし、食べられるスグリ、キノコ類、貝（ティエラ・デル・フエゴの、セルクナムの住む地区にはそれほどいなかった）、それに卵を採集した。潮が引いたときに潮だまりの魚を突くこともあった。獣皮を保存処理してこそぎ、縫い合わせて衣服やモカシン〔一枚革で作られたスリッポン形式の靴〕、住居の覆い、荷造り用の紐（約六〜九メートル）、水筒などにした。また籠も編んだ。女の役目で最も骨の折れるのは、宿営地を移るとき、幼児に加えて重たい家庭用品一切合切を背負っていくことだった。男たちは弓矢と仕留めた獲物を運ぶだけで、それ以外の物はまず運ばなかった。それでも危険な道を通るときや女たちが疲れ切った時など、かわりに担いで手助けをした。

女の仕事はきついものだったが、しばしば住むには厳しい気候となるこの地では、なくてはならないものだった。しかし特殊なものではないので、集中的に訓練する必要はなかった。グアナコの狩りが生きていくのに欠かせないというなら、育児と家事も同様だ。男女ともに働いて必要なものを提供し、等しく貢献していたのに、なぜ男性の仕事がそれほどまで尊重されたのか？　それは、狩りには長期の訓練が、そして道具作りにはたくさんの練習が必要だったからかもしれない。男たちはこうした役目を事実上独占することで得をしていたのだ。優秀な指導者につかなくては、日常的にグアナコを仕留められるようにはならなかった。女が生まれたばかりのグアナコを棍棒で殴り殺せたとしても、そんな思いがけない幸運に一家して頼るわけにはいかなかった。しかしながら、島の北部に豊富にいた齧歯類なら、女は棒一本で大量に狩ることができた。だがそこでも、食物としてはやはりグアナコが好まれ、また皮の素材としても最も手頃なものだった。男たちの労働が特殊だったゆえに女にはこなせなかったが、その逆は当てはまらなかった。

折にふれてその働きぶりをよく見ていれば、それだけで男でも女の役目を果たすことはできた。ただし、女のする生産的な仕事のうち、子どもを産む「仕事」だけは例外だ。男に子は産めない。グシンデによると、夫が擬娩（男が子を産む、あるいはそれに伴う痛みを味わう儀式）を行うことはなかったという。[2] しかしながらフェデリコは、同じような「慣習」があることを説明し、私を驚かせた。男には目に見えぬ月経があるというのだ。そしてグアナコの血は人間の血と同じだと思われているというのだ。それでクロケテン（通過儀礼を受ける若い男）は、妊婦と同じく、グアナコの血を飲むのを禁じられていた。ハインが終わり、再びグアナコの血を飲むようになる前に、クロケテンはまず身を清めなければならなかった。また、体に白いチョーク〔白亜〕を塗り、すべての小屋に火を

4 ▶インシオル（テネネスクの息子）、ワルキオンと彼らの娘ホシロパ。1919 年、マルティン・グシンデ撮影。

点さなければならなかったが、これはまさに、妻が最初の子を産んだ時に男がすることだった。この儀式は古来からの擬娩の一変型だ。一人前の大人として認められるために、クロケテンは父親役を擬似体験するのだ。この考え方は、父権制における男の態度をよく表している。たとえ象徴的なものにすぎないにせよ、これによって出産の「能力」は女性の独占ではないと自ら確かめているのだ。[3] 男がこれほど極端に社会を支配しているのには、彼らが特に好戦的であることも何らかの関係があるかもしれない。ハウシュ族やティエラ・デル・フエゴの「カヌーの民」ヤマナ族と比べても、セルクナムの男は抜きんでて好戦的なのだ。[4]

セルクナムの男たちは同族間でもきわめて競争意識が強かった。無敵の戦士（クマル）になろうと多くの男が励んだ。それにとどまらず、狩りの名人（パアウティン）、優秀な射手（キアン・セレン）、誉れ高き走者（ソイ・ヘン）、一流の格闘家（ソルレン）、また著名な鵜《ウ》の猟師（オルン）などになるべく努力した。同時にとてつもなく男まえ（ハウウィットピン）だとも言われたがった。しかしながら、最高の威光を放つ地位は、シャーマン（ソオン）、予言者（チャン・アイン）そして賢者（ライルカ・アイン）だった。女でもこうした地位に就いた者もいたが、そうした地位を得たのは、ハウシュの女たちの方がセルクナムの女たちよりも数が多かったようだ。

セルクナム族とハウシュ族はともに、父方居住婚（核家族でも拡大家族でも）が基本的な社会単位だった。いくつかの家族とその血縁が父系の親族集団《リネージ》を形成していた。そこには、自分の父親もしくは母親の親族集団に属する者との結婚を禁じる、厳しい族外婚の規定があった。夫が虐待する場合、女は保護を求めて自分の親族のもとへ、特に父親の親族が占めるハルウェンという父系継承の領地へ避難することが認められていた。この地はおよそ八〇のハルウェンに分けられていた[5]（セルクナム族のものが七一、ハウシュ族のものが九ほど知られている）。

セルクナム族とハウシュ族はその宇宙観を表すのに、四つのショオン（天）という四分割した円を用い、その根本原理としている。円は全体——宇宙——の象徴である。宇宙空間は各基本方位に、力あるいはエネルギーの源を

5 ▶セルクナム族の母親。1923 年、
マルティン・グシンデ撮影。

宿しており、なかでも「東」が最大の力を持つ。死によって魂（カシュピ）は、あの世で愛しい親族の魂と一つになると考えられていた。ロラが、二人の息子たちへの挽歌でもそう歌っている。彼らが亡くなったのは、彼女の詠唱が録音された年（一九六六年）の数年前だった。

各親族集団《リネージ》は、それぞれハルウェン、「大地」と呼ばれるはっきり区分けされた領地を占有していた。ハルウェンは四つの「天」のどれか一つに分類されていたが、それは島での空間的な位置と大まかに一致していた。セルクナム族に「東」の「天」がなく、ハウシュ族には「西」がない理由がこれでわかる。ハウシュ族はセルクナム族によって島の東端へ追いやられ、封じ込められていたのだ。それは白人による植民地化の直前まで続いた。故に彼らはもはや島の西地区に居住しておらず、またセルクナム族も島の東部に住んでいなかったのだ。三つの基本方位に基づく分類が最後の時期にも行われていたが、これはもともとの制度の改訂版とでもいうべきもので、おそらくハウシュ族からセルクナム族が受け継いだと思われる。基本方位である「天」（ショオン）には、基幹（オイシュカ）方位と中間（シクスカ）方位という二つの階層があるとされた。ハインの儀式小屋の設計にその概念が表れており、四本のかなめの柱とその間の三本の柱から成っている。知られている八〇のハルウェン（セルクナムとハウシュの親族集団ごとの領地）は、基幹または中間の方位と関連づけられていた。たとえば、「北」（基幹でも中間でも）に分類されたハルウェンに属する者は、所属する親族集団は違っても「北」に分類されている者とは決して結婚してはならないとされていた。ハイン小屋の中間の柱は三本しかないが（四本のはずなのに）、それがいったいなぜなのかはよくわかっていない（Ⅳ章参照）。

白人に土地を奪われる前には、セルクナム族はイスラ・グランデの大部分に住んでいた。そして島の大部分にわたって、遠く離れている親族との関係をもち続けていた。先に述べた、妻を選ぶ際の禁止事項（親族集団と「天」による族外婚）に加え、近隣の女とは結婚せぬよう若い男は注意を受けた。これが「強く望まれる」のは、強固な

6 ▶セルクナム族の狩人。1923年、
マルティン・グシンデ撮影。

父権制社会であることが少なくともある程度は関連していて、遠くの領地（ハルウェン）から妻を娶れば、妻は自分の親族に助けを求めるのが困難になるので、義理の親族に口出しされずに済むからだ。婚姻には厳しい制限があったが、配偶者を選ぶのは割と自由だった。ハインの祭典は頻繁にあり、人気があるので広範囲から人びとが集い、若者たちの出会いの場だった。また遠隔の領地から来た人びとは、品物や食物の物々交換も行った。喪の儀礼、それも特に誉れ高きシャーマンの場合、そして競技大会（格闘技の試合と徒競走）には、島の各地から人びとが押し寄せた。また、浜にクジラが打ち上げられていれば、この降ってわいた恵みに何家族もが集い、数か月の間ご馳走を楽しむことになる。島全体にわたるこうした社会的交流により、基本的に同一の文化となっていた。リオ・グランデ川の北部（パリク＝大草原）のハルウェンと南部（ヘルスク＝森林）のハルウェンとでは、いくらか地域的な違いはあったものの、セルクナム族は「一つの民族」だった。同じ言語を話し、島の離れた領地にも親族の者がいて、便宜やもてなしを当てにできた。遠距離に及ぶ社会組織を形成し、似たような陸上の獲物（グアナコとある種の齧歯類、加えて鳥類など）に依存し、同じ伝統（南米大陸パタゴニア由来）を受け継ぐ子孫だった。

なぜ滅びたのか

セルクナム族に対する壊滅的な大虐殺が始まったのは一八八〇年頃のことだ。この頃、セルクナム族はハウシュ族と合わせておよそ三五〇〇〜四〇〇〇人いた[6]（この時点で後者は前者よりずっと数が少なかった）。実行したのは、ヨーロッパ人の金鉱探索者や広大な牧草地（羊用）の所有者たちで、イスラ・グランデの主に北部でチリ政府とアルゼンチン政府の許可の下に行われた。両国は一八八一年にマゼラン海峡以南の全地域を手に入れていたのだった[7]。

伝えられるところでは、一八八六年ラモン・リスタという陸軍将校が二七人のセルクナムを殺し、後に全家族をアルゼンチン北部諸州へ強制退去させたという。その同じ年、ルーマニア人の金鉱探索者ジュリウス・ポペルが殺したのは二人だけだったかもしれないが、彼が引き連れていた粗暴な一団がもっと多くのセルクナムを殺したようだ(8)。殺された者が何人で、さらに疫病その他で死んだのが何人かを推定するのは難しい。いずれにせよ、二〇世紀の変わり目の頃には、生き残っていた者はわずか五〇〇人かそこらだった。

一八八九年、マゼラン海峡沿岸部で一一人のセルクナムがさらわれた。ヨーロッパへ連れ去り、食人種として見世物にするためだった。彼らはパリで檻に閉じ込められ、飢えにさらされ、その上で生肉を投げ込まれた。食人癖があるように見せかけて大衆をだまそうとしたのだ。もちろんそんなことは全て嘘だ。セルクナム族は決して人肉を口にしない。「平等、自由、そして友愛」をモットーとしたフランス革命百周年を記念して建てられ、落成式が行われたエッフェル塔の陰で、セルクナムが幽閉され、途方にくれ、苦しんでいたのだ。この一一人のうち、ティエラ・デル・フエゴに帰ることができたのはたった四人だった。その他の者は病気か、おそらくは絶望で死んだのだ。

ティエラ・デル・フエゴにおいても、セルクナム族は渡来性の病（主に結核、インフルエンザ、そしてはしか）の脅威にさらされていた。これらは二つのサレジオ会ミッションの閉鎖的な宿所で広まった。そのうちの一つはマゼラン海峡にあるドーソン島（チリ領）にあり、セルクナム族だけでなくアラカルフ族も担当していたが、二〇年続いた後一九一二年に閉鎖された。もう一つは、イスラ・グランデの大西洋岸の町リオ・グランデから北へ一四キロ行った、セルクナムの領地（アルゼンチン領）にあった。一九世紀の終わり頃創立され、一九三八年頃まで続いた。これらのミッションから逃げ出したり、あるいは退出を許された者がいた。その中の何人かが、まだ島の各地に分散していた同族の者に伝染病をうつしてしまったのだ。ミッションが解散した後は、アルゼンチンとチリからの移住者と訪問者に加えて、ヨーロッパ人が一九三〇年代後半まで伝染病を持ち込み続けた。その時にはわずか一〇〇人ほどのセルクナムと数えるほどのハウシュしか残っていなかった。その頃メスティソの数が増え始めていたが、そうした子どもたちと若者が多数、やはり渡来性の病で死んだ。特に第一世代ではひどかった。

イスラ・グランデの南の地域では、同族間の戦いでかなりの数のセルクナムが死んだ。そうした争いはこの数十年で増えていたのだが、それはよそ者に土地を強奪され不安が高まったことと、彼らから銃を手に入れたことが原因だった。[9] 総じて植民地化により、セルクナムの地は生き地獄と化したのだ。

大虐殺、疫病、そしてミッションへの監禁（人命救助のための一時的措置である場合も時にはあったが）といった大混乱の後、二〇世紀初頭頃には生き残っていた者の大半は牧場労働者となっていた。牧場は島を横切る最大の川、リオ・グランデ川の南と東にあった。この地帯は大牧場主たちの仮借のない侵略の手がまだ伸びておらず、また金鉱も見つかっていなかったので、セルクナム族は平和に暮らすことができた。宣教師トマス・ブリッジズの子どもたち（特に息子のルーカス）の牧場が、こうした一種のオアシスだった。それが大西洋岸のビアモンテとビーグル水道沿いのハーバートンだ。彼らとサレジオ会宣教師たちは、「虐殺者たち」とはかけ離れた存在で、インディオたちを時代の移り変わりに順応させようと努めた。なかでもゼノーネ神父が際立った存在だった。だが、昔ながらのセルクナム族の生き方にもう先がなかったのは、土地を横取りされたという簡単な理由からだった。彼らはもはや自らの運命を自らの手で切り開くことはできなかった。インディオ「最後の避難所」——たいていハインを行った地域——が、放牧に困難あるいは不適当とされていた場所だったのは偶然ではない。また、二〇世紀初頭には農場での仕事があまりない、あるいは全くない冬にハインを催したが、本当は夏の方がよかったのだ。その頃にはハインはずっと期間が短くなり、さほど凝ったものでもなく、そしてもちろん参加者も減っていた。

ハインの祭典が全く同じ様式で繰り返されたことはおそらく一度もない。「精霊たち」はその時どきでさまざまだっただろうし、遊戯と踊りにしてもそうだ。だがその基にある「思想上の」根拠（古《いにしえ》の母権制に対する反乱）は、何らかの形で常に示された。同じく常に現れるのが主だった二つの「精霊」、ショールトとその妻である執念深いサルペンだ。ハインが行われる時と場所、参加者の数、また「民族的」自覚（ハウシュかセルクナムか、あるいは両者の混合か）によって、その段取りは異なった[10]。

慣習としてのハイン

一九三三年という時期になってもまだ、セルクナムとハウシュはハインの必要を感じていた。それは、彼らの存在そのものに欠かせないものであるかのようだった。一九一三年からの一〇年間、参加者はわずかではあったがセルクナムは毎年冬にハインを開いた。一九二三年、グシンデが三六〇頭の羊を提供するのでハインを催してほしいと申し出る。彼らは当然喜んだ。その昔、浜に乗り上げたクジラを目にしたのと同じようなもので、毎日の「パン」（グアナコ）を狩りに行く必要もなく、数か月間屈託なくハインを行えるのだ。

一九二〇年代と三〇年代、残っている「土着の」牧場労働者の間には、ハインを行わねばという強迫観念が明らかにあった。その伝統をなにがしか知っている年輩の者たちは、何がなんでもそうしなければと意気込んでいた。しかしその頃には、「異教徒」の鍛錬を受けようなどと思う若い男はほとんどいなかった。彼らの生活は、もはやこの伝統と何ら関わりのないものになっていたのだ。とはいえ、かつて多様な経験と感情をもたらしたその伝統を思い出し、意義を考える必要があると、どこかで感じていた者も多かった。

こうした若い牧場労働者は、伝統をかろうじて知ってはいる世代だったが、その内容は漠然としていた。事実彼らの多くは、昔の暮らしがなぜこうまで破壊されたのか理解すらしていなかった。にもかかわらず大人たちは、自分たちの指の間からこぼれ落ちてしまった神秘と喜びを、なんとか復活させたいと望んでいた。生と幻想に満ち、ハレの場であり楽しみだったハイン——あのハインの創造的な儀式や劇が表現していたものが、新しい生活にはかけらもない。羊牧場の仕事は日課であって文化ではない。それは生き方として不完全で、何かが欠落していた。彼らはかつて、あらゆる面で完全と言える、豊かな社会を築いていた。それが突然二世代のうちに、いや、わずか一世代で無産階級《プロレタリアート》にされ、過去もなければ未来への思いや理想もないというありさまになっていたのだ。その空虚な穴を埋めてくれるのは、年輩者たち以外には誰もいなかった。働くだけで遊ぶこともない空虚な暮らし。ただ時折、狩りに遠出するのと、「ｖｉｎｏ」つまりワインだけが楽しみだった。尽きることのないおしゃべりとワイン。若者たちはおそらく答えられない質問をし、また理解できない答えの意味を問うたことだろう。家族に子どもはおらず、いたとしてもわずかだった。その大半も成人になると、もはやセルクナムではなくなっていた。かつてのことを覚えている者がいるうちは、空虚な穴をなんとか埋められるかもしれなかった。年下の者たちのなかに眠っている祖先からの記憶を呼び覚ませば、彼らに生気が甦るかもしれない。

前の年の一九二二年、テネネスクの息子が通過儀礼を受けたが、一九二三年には候補者は二人しかおらず、年はさらに若かった。二人とも副指導役だったハリミンクの親族で、一六歳になる息子のアルトゥロと、一四歳の孫アントニオだった（写真23と24）。二人の後見役（クピン）はついこの間までクロケテンだったので、鍛錬される者たちと年齢は大して変わらなかった。以前は、クロケテンは少なくとも一八か一九歳で、その兄か叔父にあたる年齢の者が後見役だった。クロケテンは少なくとも四人は必要で、領地の大きな単位であり、ハイン小屋の四本の主柱に象徴されている「天」から、それぞれ一人は来ることになっていた。ところが一九二三年のときは、クロケテンは二人とも「西」領の者だった。さらにハインの用地が場違いだった。そこは「西」にあるアラケン（ロラの母方の祖父で、白人たちに殺された）の領地で、不在の領主もいたし、アラケンと同様、すでに死んでしまった領主もいた。一九二三年は本来、指導役の領地、サン・パブロ岬にあるテネスクのハルウェンで行われるべきだった。そこなら一九二三年のハインを表象する「南天」に当たるのだ。しかしその世紀の初め、そこは広大な羊牧場となったので不可能だった。変わりゆく世界のなかで彼らはできるだけのことをして、欠落を埋めようとし、あるいは代わりのもので良しとするしかなかった。一九二三年には島の北部地域でもなんとかハインを開いたが、クロケテンはたった一人だった(11)。

7▶グアナコ——セルクナム族の命の糧。
オフェリア・ダマート画。

セルクナム族とハウシュ族の死者数（白人が来る前の人口の八〇パーセントに当たる）、土地の収奪、グアナコの狩人から羊牧場の労働者になるという男たちの生活の根本的な変化などを考えると、とにもかくにもハインが行われたこと自体、驚くべきことと言ってもいいだろう。女たちはさらに激しい変化に適応しなければならなかった。なかには白人の警官や兵士と結婚もしくは単に同棲した者も少しいた。そうでない者は、牧場で塀を建てたり庭を掃除したりして働いた。一九二三年、グシンデが気前よく羊を寄贈してくれたので、自分たち

の偉大な祭典を催すべく、大勢の者がカミ湖（現在はサレジオ会宣教師の名にちなんで、ファニャーノ湖と呼ばれる）の近くに集った。寄贈の有無にかかわらず、ずっと少人数ではあったがその後もハインは続けられ、一九三三年がおそらくその最後のものと思われる。

一九二三年のハインは、参加者の多くはハウシュ、またはハウシュとセルクナムの混血だった。ハリミンクとその家族のようなセルクナムは一部だった。そのため、このハインに関するグシンデの記録は二つの伝統が入り混じったものとなっている。ハインはこの二つの起源をもつので、これは奇妙でも異例でもない。長年にわたりハインを育んできたのはセルクナム族というよりハウシュ族だったと言ってもいいかもしれない。今後の研究で、この二つの伝統の共通点と相違点がよりはっきりするだろう。しかし、祭典の基調にあるテーマは、明らかに共通の土壌から生まれている。例の神話だ。祭典はそれを基に成り立っている。母権制の圧制に対する反乱、父権制による支配の維持、確実に女たちを男性の権威に従わせておくという目的――。そして若い男たちに狩りを教え、鍛える必要もあった。また、孤立している小集団が一堂に会する社交の場でもあった。

セルクナムとハウシュの全領域で何世紀にもわたって行われたハインの中から、どれか一つをその典型として示すことはできない。とは言え、地方ごとの違いはあろうとも、ハインの段取りには一貫性もしくは基本的な相似があった。

二〇世紀の初めには、大虐殺と部族内闘争は収まり、疫病も沈静化していた（一時的だったが）。生き延びたセルクナムたちは、夏期はほとんどがリオ・デル・フエゴ付近に集まってビアモンテ牧場で働いた。冬にはファニャーノ湖の辺りに住んだのだが、一九一九年、そこでグシンデが初めてそのうちの数名と出会った。そしてその後の一九二三年、その地でハインの祭典を目の当たりにすることになる。

III

三人の中心人物

一九二三年のハインの物語は、その記録を残してくれたマルティン・グシンデ神父のことから始めてもよかった。あるいは、彼らなしではありえなかったのだから、セルクナム族とハウシュ族のことからでもよかった。グシンデ神父には申しわけないが、おそらく彼もそう望んだだろうから、今回は一九二三年の祭典で指導役を務めた二人、テネネスクとハリミンクの話から始めることにする。

二〇世紀となる頃には、羊に適した牧草地だった北部地域で、利権に引きつけられた白人一派が暴威をふるっていた。それによってセルクナム族は急速に制圧され、比較的安全だったリオ・グランデ川の南の地域でも同じありさまになりつつあった。一九〇五年までにはセルクナムの部族内闘争も絶えていた。一九〇二年、大西洋岸にビアモンテと呼ばれる広い牧場が開拓された。その所有者は、宣教師トマス・ブリッジズの息子たち、ルーカス・ブリッジズとその兄弟だった。セルクナム族はここで暮らした。一年のある時期は母屋の近くで、またリオ・デル・フエゴという川の付近にも住んだ。彼らは牧場主に雇われ、虐待を受けることはなかった。なかには、ブリッジズ家が持つもう一つの広い牧場、ハーバートンまで季節ごとに働きに行くセルクナムもいた。そのため彼らは山々を越え、ビーグル水道を目指した。沿岸まで来ると、時にはウシュアイア〔現地の発音ではウスアイア〕という町まで足を伸ばした。そこで輸入品や酒を買い、そして主にアルゼンチンの自治体が雇い入れた新参者に混じって、刑務所（一九四七年に閉鎖）の守衛になったり船荷運搬人となることもあった。またレストランやバー、近隣の材木置き場で働くこともあった。大西洋岸のサン・パブロ岬地区は、かつてはハウシュ族の領域だったが、今では別の広い牧場が開拓されていた。ホセ・モンテスというプンタ・アレナス出身の豪商によるもので、ビアモンテができた数年後のことだ。チリ人に混じって、セルクナムはここでも断続的に働いていた。この地方はテネネスクの親族集団《リネージ》が代々所有してきたカルと呼ばれるハルウェンだった。

テネネスク

一九二三年のハインでは、テネネスクが指導役、あるいは相談役の長だった。グシンデはこの要職をVorsteher、スペイン語でinspector（監督者）としているが、これでは言い足りないように思える。この要職は伝統への深い知識と、先に述べた最も名誉ある地位を一つ以上併せ持つ者にのみ、与えられてきたものだからだ。フェデリコはこの要職のことを、セルクナム語でアイ・オリエンと言っていた。そして、白人と接する以前には四人のアイ・オリエンがいて、それぞれがハイン小屋の主柱の化身なのだと説明していた。彼はこのセルクナム語を「相談役」と訳した。この役の者は「監督する」というより、助言して、祭典のおおまかなところをとり仕切るのだ。テネネスクはおそらく、歴代のどのアイ・オリエンよりも強い決定権を行使したことだろう。この伝統を憶えていた数少ない者のうちでも、もっとも物知りだという評判だったからだ。また、この年のハインには相談役もしくは指導役はテネネスクとハリミンクの二人しかいなかったからだ（写真8から11まで）。

テネネスクはハウシュとセルクナムの混血で、父親がカウカイスという名のセルクナム、母親はユユタ（またはホイメ）というハウシュだと、グシンデは記している。[1] フェデリコとアンヘラも同じ名前を挙げているが、二人が私に言ったことからすると、テネネスクは父親もハウシュだったらしい。彼はライルカ・アイン（古来の伝統の父）であり、またチャン・アイン（予言者）でもあった。テネネスクの母親もライルカ賢者だったと二人は言っていた。父方の叔父と叔母に一人ずつシャーマンがいて、また親族には、男女とも多くのライルカ賢者がいた。だから彼は栄えある一族の出なのであり、ライルカ・アインの地位を得たのも当然だった。彼はまたシャーマンでもあり、カル・ソオンという称号を持っていた。「カル」とは彼のハルウェンを差す語で、サン・パブロ岬の名称だった。グシンデも述べているように、それはまた「南天」とも関連している。先述したように、そこはモンテスが羊牧場にしてしまっていた。この辺りはハウシュの地域で、セルクナムの領地との境に近かった。グシンデもルーカス・ブリッジズも、テネスクはその時代で最も物知りだったとしている。ルーカスは宣教師トマスの息子でティエラ・デル・フエゴ生まれだ。セルクナム族の友人かつ称賛者で、ティエラ・デル・フエゴについて書かれたものの中でも最もよく知られた本の一つ、『地球の一番遠いところ』の著者でもある。

二〇世紀初頭頃には、残っていた人口のほとんどはリオ・グランデ川の南に集中していた。島の北西部と大西洋沿岸部での大虐殺は終わっていた。しかし疫病がまだ残っていた者の中から多くの犠牲者を出していた。テネスク自身は殺し屋につけ狙われたことはなかったが、その存在については十分承知していた。グシンデによれば彼はこう言ったという。「わしら呪術師（シャーマン）は、このぶしつけな侵入者どもに、何度もわしらに伝わる力を用いた。だが、どんなに努力しても無駄だった。もしそれがうまくいっていたら、奴らの誰一人として生きてはいなかっただろうに[2]」。個人的にはこの努力は、合衆国の平原インディアンが似たような状況の下で行ったゴーストダンス〔踊ることで自由な世界とバッファローが戻ってくるとする、一九世紀の宗教運動〕を想起させる。

テネスクの名が初めて歴史に現れるのは、一八九六年にフェルディナン・ライユに会った時のことだ。ライユはブエノスアイレスで科学者として輝かしい経歴を持つ、フランス人の動物学者だった。彼はテネスクのことを、しっかりしたスペイン語の知識を持っており、幾多の貴重な情報をもたらしてくれたと書いている。[3] ルーカス・ブリッジズは、治療師（シャーマン）としてのこの頃の彼について、こう書いている。

> 彼は二、三人のアウシュ（ハウシュ）と連れ立ってハーバートンまで飛んで〔原文ママ〕来ることが、この一、二年に四、五回あった。彼はオナ族（セルクナム）でありアウシュ族でもある。ちりぢりになって数も少ない、

8▶テネネスク。1896年、
フェルディナン・ライユ撮影。

この瀬戸際に立たされた二部族に対し、彼は並々ならぬ影響力をもっていた。これはすごいことだ。私が聞いた限りでは、幼い息子（インシオル）の他には、彼に男性の親類縁者は残っていないというのに……。その一方で彼の妻の親類（ハリミンクの親類）は極めて屈強な人たちだった。

見事な運動選手の体型で、胸が厚くそれでいてすらりとしていたティニニスク〔テネネスク〕は、身の丈およそ一メートル七五センチだった。その鋭い眼、禿げあがった額とかぎ鼻は、ある種の猛禽類を思わせるが、こ

9▶牧場労働者となったテネネスク。1919年。

10▶ハインの指導役を務めたときのテネネスク。1923年、マルティン・グシンデ撮影。

れは事実とはかけ離れている。ティニスクはこの上なく人の好い、話のわかる男だった。彼とは二五年つき合うことになるのだが、その間常に変わらずそうだった。(4)

ルーカスは、セルクナムの領地の「中心」に位置するビアモンテ牧場の開拓などの仕事をしていたが、数日の休みをとると彼の使用人たちに交じり、一九〇二年という早い時期にハインに参加した。彼を招待することへの異議もあったが、テネネスクは頑なに言い張った。彼は見た目は白人でも、その心は「ホオン（シャーマン）の目をもって見れば、オナ族の心だ」と。アネキ（ロラの最初の夫）もまたルーカスに味方し、彼の助言者（クピン）となった。ハリミンクも同じく彼を歓迎したが、「何であれハインの中で起こることを」女かまだ通過儀礼を受けていない若者に打ち明ければ、「話した者もその相手も殺されることになる」と、いの一番に警告した。こう脅されてもルーカスはためらわず、部外者として初めてハインを目の当たりにし、その感想を公表した。しかしながら彼はハインを「滑稽な見世物」とみなしたので、おそらくさほど注意も払わず、また見方も歪んでいたようだ。(5) グシンデによる一九二三年のハインのことを耳にすると、彼は軽蔑の念も顕わにこう記している。

インディオたちはほんの数ドルに釣られ、科学的な考え方をする観客の前で自分たちの芝居をいくつかやって見せることになった。私が見た写真では、短髪の演者たちが昔なら決してしなかった突飛なやり方で体を塗っていた。原始的なオナ族の蛮人とされた他の写真を見ると、若い世代の多くがグアナコの皮の正しい着こなしをすでに忘れてしまった——以前は知っていたとしたらだが——ことがわかった。(6)

グシンデが初めてテネネスクに会った一九〇二年から一九一九年の間、テネネスクはブリッジズの牧場でずっと働いていた。そして冬になるとおそらく幾多のハインに参加したと思われる。彼は一九二三年のハインの後すぐに、はしかの流行により亡くなった（V章参照）。

ハリミンク

ハリミンクとテネネスクは、特に仲が良かったわけではない。ルーカス・ブリッジズは二人のことをともに好いていたが、特にハリミンクに好意を持っていただろう。友人として、また使用人として数十年、行動をともにしてきたからだ。

一九〇二年、ハリミンクとその他のセルクナムたちは、馬と羊用の長い道を開いた。それはビーグル水道沿岸のハーバートンから高い山地を越え、大西洋岸の、後にビアモンテ農場となる付近まで続くものだった。ハリミンクはテネネスクと同じく、シャーマンでかつ賢者（ライルカ・アイン）だったので、部族の中で重要な人物だった。とはいえ、ライバルのテネネスクの名声には及ばなかった。

ルーカスが道を開くのを手伝った後、ハリミンクはその後何年もルーカスのビアモンテ牧場で羊飼いとして働いた。かくして彼はテネネスクと同様、スペイン語に精通し、おそらく英語もある程度知り、部外者との応対にも慣れていた。この二人は親密ではなかったが、結束してもいた。というのも、以前義理の親戚関係となり、それがまだ続いていたからだ。ハリミンクの有名な姉レルワアチェンは、セルクナムの数少ない女性シャーマンの一人で、テネネスクと結婚し、インシオル（写真4）の母となった。インシオルもまた、短期間だったが、この時のハインに参加していた。後にテネネスクはハリミンクの姪カウシアと結婚した。彼女は一九二三年のハインに参加していた。テネネスクとハリミンクは気が合うというわけではなかった。そこでグシンデとしては、最有力者のテネネスクの友人となり、ハインの継続のためハリミンクともうまくつき合っていくようにしたのは当然だった。またそうせざるを得なかった。というのも、たった二人しかいないクロケテンがハリミンクの息子と孫であり、さらに妻のアクキオルが最年長のクロケテンの母として、今回のハインの「ファースト・レディ」だったからだ（写真22）。ハリミンクはグシンデに寛容だった。それがある程度は気前のよい贈り物のおかげだったことは否めない。グシンデに対する最も危険な反対者が、ハリミンクの息子ナナだったのは、おそらく偶然ではない。妻の一人にハインの秘密を明かしたとして、彼はグシンデを糾弾した。しかしテネネスクの甥トイン（写真16）はグシンデの強い味方となってくれた。

ハリミンクがまだルーカスのために働いていた一九〇七年頃のこと、アメリカ人の探検家チャールズ・ウェリントン・ファーロン大佐が突然、地平線の彼方に姿を現した。メキシコ製の鞍をつけた馬に乗り、大型のリボルバーを携えるという完璧なカウボーイのいで立ちだった。三人のセルクナムの案内人とともに山脈を越え、ルーカスに会いにやって来たのだった。これを遠目に見たハリミンクは、ファーロンは腹黒な感じで、ルーカスの妹にとって危険だと判断した。そこで彼はライフル（ルーカスが彼に売ったもの）の撃鉄を起こし、狙いを定めると（スペイン語で）こう言った。「悪いやつかもしれない――。始末してやろう」。彼が引き金を引く寸前、ルーカスの妹が止めに入った。(7)

その後、ハリミンクはしばしばルーカスと行動をともにし、彼の牧場ビアモンテでは非常勤で働き続けた。一九二四年と、一九二九年から一九三九年にかけての疫病で、セルクナム族に多数の犠牲者が出たが、彼もその一人となった。

11▶ハリミンク。ハインの副指導役。1923年、マルティン・グシンデ撮影。

12▶右から左へ、アクキオル（ハリミンクの妻で1923年ハインでは「ファースト・レディ」）、カウシア（テネネスクの妻）、セミタレン（五児の母親）、ワルキオン（写真4参照）、そしてアルサン（またはアルカン）。アルサンを除き、ここに写っている女性たちは全員、1924年と1929～30年のはしかの流行により亡くなった。1919年、マルティン・グシンデ撮影。

グシンデ

グシンデの前歴は、テネネスクやハリミンクに比べ、ずっとよく分かっている。彼は一八八六年、ブレスラウ（ドイツ領時）の中流家庭に生まれた。一九一八年一二月、三二歳の時に彼はサンチアゴからティエラ・デル・フエゴに着いた。サンチアゴでは「ドイツ高等学校」（リセオ・アレマン）で六年間教師を務めた。一九一七年にはサンチアゴにあるカトリック大学の人類学教授に任命される。この頃彼は、二人の弟、フリードリヒとフランツの最期のことで思い煩っていた。二人とも「第一次世界大戦の犠牲者」だった。グシンデの弟たちに対する敬慕の情は、『火の国のインディオ』（*Die Feuerland-Indianer*）と題された連作の第一巻に示されている。これは後に全八巻のスペイン語訳が出された。グシンデには博物学、考古学および民族学の勤勉な研究者という評判に加え、しっかりした実績もあった。彼が人間と自然に関する科学を神の啓示による天職としたのは、自分の神学上の信念といろいろな点で一致していたからだ。一九一一年の九月、彼は司祭に任ぜられている。それ以前にウィーンで、有名な人類学者R・P・ウィルヘルム・シュミット（同じくカトリックの司祭）のもとで学んでいた。彼の学説は、原始的な母権制と「神の観念」を始まりとする人間の歴史の変転に関するもので、それはグシンデのフエゴ人の研究に多大な影響を与えた。

サンチアゴで、同業者である一流の科学者たち、すなわち民族学および人類学博物館の学者たちがグシンデを評価したのも当然だった。同博物館館長アウレリアノ・オヤルスンは、公教育省大臣ともども、グシンデの最初のティエラ・デル・フエゴ遠征を支援した。

一九一九年一月、グシンデはイスラ・グランデの大西洋岸の町リオ・グランデに着き、初めて数人のセルクナム

13▶左から右へ、ウィルヘルム・コパース、アウレリアノ・オヤルスン、マルティン・グシンデ、そして運転手のR.ベラ。チリのサンチアゴにて、1922年頃、撮影者不詳。

を目にした。「何たる驚き」と彼は書いている。「だが同時に何たる幻滅！　彼らは体格の良い立派な男たちなのに、まとっているのはヨーロッパ服のボロだった」。彼はそれからサレジオ会ミッションへ向かい、その近くで年輩の夫婦と五人のセルクナムの老女に出会った。かつてそこで暮らしていた数百人のうちで、残っていたのはそれだけだったのだ。そのとき彼は、島の北部には六人も残っていないと聞いた（一九二三年に別のハインがそこで行われたのだから、もっと多かったはずだが）。

グシンデは馬に乗った案内人を伴い、大西洋岸へ向かうリオ・グランデ川を歩いて渡って、リオ・デル・フエゴというもっと小さい川の上流を目指した。そこにはビアモンテ牧場の使用人たちが住んでいたのだ。そしてサレジオ会宣教師フアン・ゼノーネ神父と元気のいい子どもたちの一団に会う。そこではセルクナムの二七家族（二一六名）が暮らしており、箱やブリキの板で作った円錐形の小屋をいろいろなボロ布で覆って住んでいた。これが島で最大の一団だったが、常住していたわけではない。セルクナムの使用人たちは、その大半が夏の二か月間（一月と二月）だけそこにいて羊毛を刈った。出だしは上々だとグシンデは感じた。彼は後につくづくこう思い返すようになる。自分はインディオたちの中で暮らし、彼らの仕事や余暇、フィエスタ（娯楽）、回想や物語に加わったのだ。そうした年月を通じ、「自分はインディオたちの魂」にどっぷりと浸ったのだ。そして四回目の旅（一九二二年から一九二四年）の頃には、「フエゴ人の精神世界」を知るようになっていた、と。

一九一九年一月、忍耐をもってすれば願いを実現できるというゼノーネ神父の言葉に、グシンデの胸は希望で膨らんだ。神父は自身のメモを見せてくれるなどして、できる限り彼を助けてくれた。セルクナム族の中にいたとき、グシンデは、彼がロユクスと呼んだアンヘラの父親と、彼女の兄パスクアル・ロユクスに出会う。彼らはアンヘラ（写真18、20、55）が生まれた、島北部にある別の牧場から働きに来ていたのだ。グシンデは人懐っこい子どもたちと遊び、火を囲んで大人たちと談話した。そして犬たちも彼に吠えなくなった。彼はまた薬も分け与えた。年端もゆ

14▶マプチェ・ポンチョを着たグシンデ。
1917年頃、撮影者不詳。

かぬ子どもたちが咳の発作を起こすと大人たちは怯えた。あれやこれやの病気は白人が持ち込んだのだから、白人の薬でなければ治らないと彼らはわかっていた。

グシンデがテネネスクの甥トイン（写真16）と出会ったのはそこでのことだった。一九二三年の七月、グシンデが最も必要としていたときに助けてくれたのがトインだ（V章）。グシンデは間もなくして、ファニャーノ湖の近くに別のセルクナムの一団が居留していると知る。その地は行きつくのが困難な上に牧草地に適していなかったので白人が手をつけず、インディオたちに残されていたのだ。二月一一日、まだ若いフェデリコ・エチェライネ（写真15）を案内役として、グシンデは馬に乗り出発した。ゆっくりと進んでいくと、急に嵐になった。疲れと空腹からグシンデは鞍から滑り落ち、気を失う。体は痙攣し、震えていた。ティエラ・デル・フエゴを旅行中、彼が気を失ったのはこれが初めてだったが、最後というわけでもない。「情け深い案内人」フェデリコは何もかも濡れそぼっている状況の中、火を起こすとその傍らにグシンデを寝かせた。三〇分後、グシンデは意識を回復する。翌午前一時に、彼らはファニャーノ湖の近くにあった、サレジオ会宣教師たちの借家である木造家屋に着いた。ここでグシンデはフェデリコに別れを告げ、その後再び会うことはなかった。

その朝、彼はアルゼンチン政府監視団に出会う。彼らは親切にも馬を一頭貸してくれ、セルクナム（とハウシュ）のもう一つの一団が住む、湖先端の岸辺まで同行してくれた。一行がやって来るのを見て、インディオたちは歓迎しようと待ち受けていた。この地は羊の牧場としての用をなさないので、国立公園に指定されていた。政府は彼らに課税しようとしていたが、所有している物といっても数頭の小柄な雌馬にすぎなかった。グシンデはここでテネネスクに出会った。テネネスクは監視団と彼にあいさつしに来たが、グシンデを監視団の一人と間違えた。「彼の誤解は私には好都合だった」とグシンデは述べている。監視団が立ち去ると、テネネスク一族の者たちが、グシンデのためにたちどころに小さい小屋を建て、火を起こした。三日もするとグシンデは慣れ、心地よく過ごし

15▶グシンデの道案内を務めたフェデリコ・エチェライネ（左）。年下の友人とともに。1919年、マルティン・グシンデ撮影。

ていた。彼らはまだグシンデを重要人物（監視委員）だと思っていた。そう見せかけてもてなしを受けたことに対し、そのお詫びのしるしとしてグシンデは後に彼らの請願を監視団へ伝えている。

テネネスクの一団にはわずか五家族しかいなかったが、当時セルクナムはごく少数しか生き残っていなかったので、これは重要な一団だった。グシンデはこのときすでに、テネネスクはこれまで会った中でも最高の呪術師（シャーマン）であり、その「能力」は同じくそこにいたハリミンクよりもはるかに優れているとみていた。自分は紛れもなくインディオの真の暮らしの只中にいる、そう感じていた彼の中に再び熱意が沸き起こった。彼らとともに過ごして学術調査を行ってみようと決意したのだ。彼はこう書いている。「私はこの一団に全ての望みを託したが、それは裏切られなかった。最後の旅の間、私は秘密の男性の祭典に参加することまで認められたのだ」。

グシンデはあの手この手で、写真撮影が危険ではないことをテネネスクたちにわからせようとした。その結果、彼らはグシンデにメンクアチェンという称号を贈ることになる。訳せば「影の狩人」といったところだろうか。八日後、グシンデは足のけがのため、滞在を切り上げざるを得なくなった。まだ夏だったので、腫れ上がった足の他はこれといった問題もなく、彼は山脈を越えた。ビーグル水道沿いにあるハーバートン牧場に戻ると、行政官のニルソン氏とその妻が世話してくれた。けがが良くなるとグシンデはヤマナ族と過ごすべく新たな冒険へと向かい、サンチアゴに戻ったのは三月の初めだった。(8)

この二回目の旅の間（一九一九年一二月半ばから一九二〇年二月の終わり近くまで）、彼はヤマナ族と過ごして学術調査を行う。そして再びビーグル水道から大西洋に向かって、馬で島を横断したが、その途中でテネネスクやハリミンク、トインたちと出会うことはできなかった。その後、島のチリ領に入るとポルベニールへと向かい、そこからボートに乗ってプンタ・アレナスへ行き、そこからサンチアゴに戻ったのだった。(9)

三回目の遠征（一九二二年一月上旬から四月上旬）には、やはりウィーンから来た同僚のウィルヘルム・コパー

16▶トイン。テネネスクの甥で、グシンデの救い主（V章参照）。1919年、マルティン・グシンデ撮影。

スが同行した。彼もグシンデと同じく神言修道会の一員で、ウィルヘルム・シュミット神父の門下生だった。ビーグル水道沿岸のヤマナ族をもう一度訪れるため、その夏彼らは山脈を越えた。そしてテネネスクに再会した。彼は会えたのを喜んでいるようだった。

彼らはさらにリオ・デル・フエゴ川（ビアモンテ羊牧場）へと向かった。驚いたことに、その一帯ではセルクナムの使用人の大半が雇い主に対してストライキを行っていた。ストライキを行った者は、セルクナムだろうとなかろうと即刻クビにされた。これが有名なパタゴニア南部の広大な羊牧場の所有者たちに対するストライキで、参加者の大半はチリ人だった。このストライキは、ブエノスアイレスから送り込まれたアルゼンチン陸軍特殊部隊による惨たらしい制圧にあった。この様子はホセ・ルイス・ボレロの著名な本『悲劇のパタゴニア』(*Patagonia Trágica*)に描かれているし、その後ドイツ系アルゼンチン人、オズバルド・バイエルが三巻に及ぶ記録に残している。ビアモンテの二人の忠実な使用人、サイポテン爺やとおしとやかなチキオル（ハリミンクの姪）が一週間の間ずっと二人のお客様をもてなした。そしてまたもゼノーネ神父が協力を申し出てくれた。グシンデがゼノーネに会ったのはこれが最後で、神父は一九二三年イタリアへと帰って行った。

再びファニャーノ湖の源流に沿ってビーグル水道へ戻る途中、彼らはルイス・ガリバルディ・オンテに出会う。その頃三〇歳で、彼の母親オンテはハウシュだった。グシンデは後になって数時間に及んだ彼との会話を「全く無駄に」使ってしまったのを悔やんだ。彼はその時、ガリバルディがその五年前にクロケテンだったのを知らなかったようだ。いやいやながらの志願ではあったが、その経験はガリバルディの中で鮮明な思い出となっていた。

グシンデとその同僚は急いで山脈を越え、ビーグル水道沿岸に戻る。そこで再び宣教師ジョン・ローレンスの牧場に宿を求めた。彼らがまさに発とうとしていたとき、六人の年下の男を従えたテネネスクがやって来た。彼らはおそらくグシンデとコパースが辿ったのと同じ道で山脈を越え、海岸沿いをさらに行ったところにあるウシュアイアへ行く途中だった。テネスクはハイン（グシンデは誤って「クロケテンの祭典」と呼んだ）の手助けをしないかと二人を誘った。それはファニャーノ湖近くにある彼らの宿営地の近くで近々行われる予定だという。テネスクの息子、トマスとして知られていたクノキオルが通過儀礼を受けることになっていた。アンブロシオ（ハリミンクの息子）は一九二〇年にハインを「卒業」していた。後にグシンデは一九二二年のハインが六か月に及んだと知ることになる。彼は招待に応じることができないのを悔しがった。なにしろ、ヨーロッパ人の誰一人としてその初めから終わりまでを見たことのない祭典をじっくり見る、またとない機会だったのだから。彼は次の年に必ず戻って来るからとテネスクに約束した[10]。

グシンデの四回目にして最後となるティエラ・デル・フエゴへの旅は、これまでになく長期間にわたった（一九二二年一二月から一九二四年四月までの一年四か月）。旅の初めはヤマナ族の領地を巡り、彼らと数か月間をともにした。一九二三年三月下旬あるいは四月上旬にはテネスクとの約束を果たす準備が整った。彼はインディオの案内人とともに馬に乗って出発、山脈を越え二日後にファニャーノ湖に着く。グシンデに会えてテネスクは嬉しそうだった。そして自分の小屋で寝泊まりするように勧めた。二、三日後、テネスクと甥のトインが近くに小屋を建ててくれ、グシンデはそこでトインと住むことになった。ある程度のプライバシーが保障され、かつ「妬み深い顔役」のテネスクの近くにいることが望ましかったので、これはグシンデにはありがたかった。初めはテネスクの妻カウシアがグアナコの炙り肉を用意してくれたが、ほどなく自分でやれるようになった。そこでの暮らしぶりを、グシンデは溢れる気持ちを抑えようともせずこう記している。

来る日も来る日も、そして毎週毎週、相も変わらぬグアナコの炙り肉と近くの小川から汲んだ冷たい水、それが冬なら一にぎりの雪に変わるだけで他には何もない。それでも私は塩の必要を感じなかったし、それはセ

17▶ファニャーノ湖の岸辺。冬、1923年。

18▶アンヘラ・ロイヒ（修正写真）。
1923年。

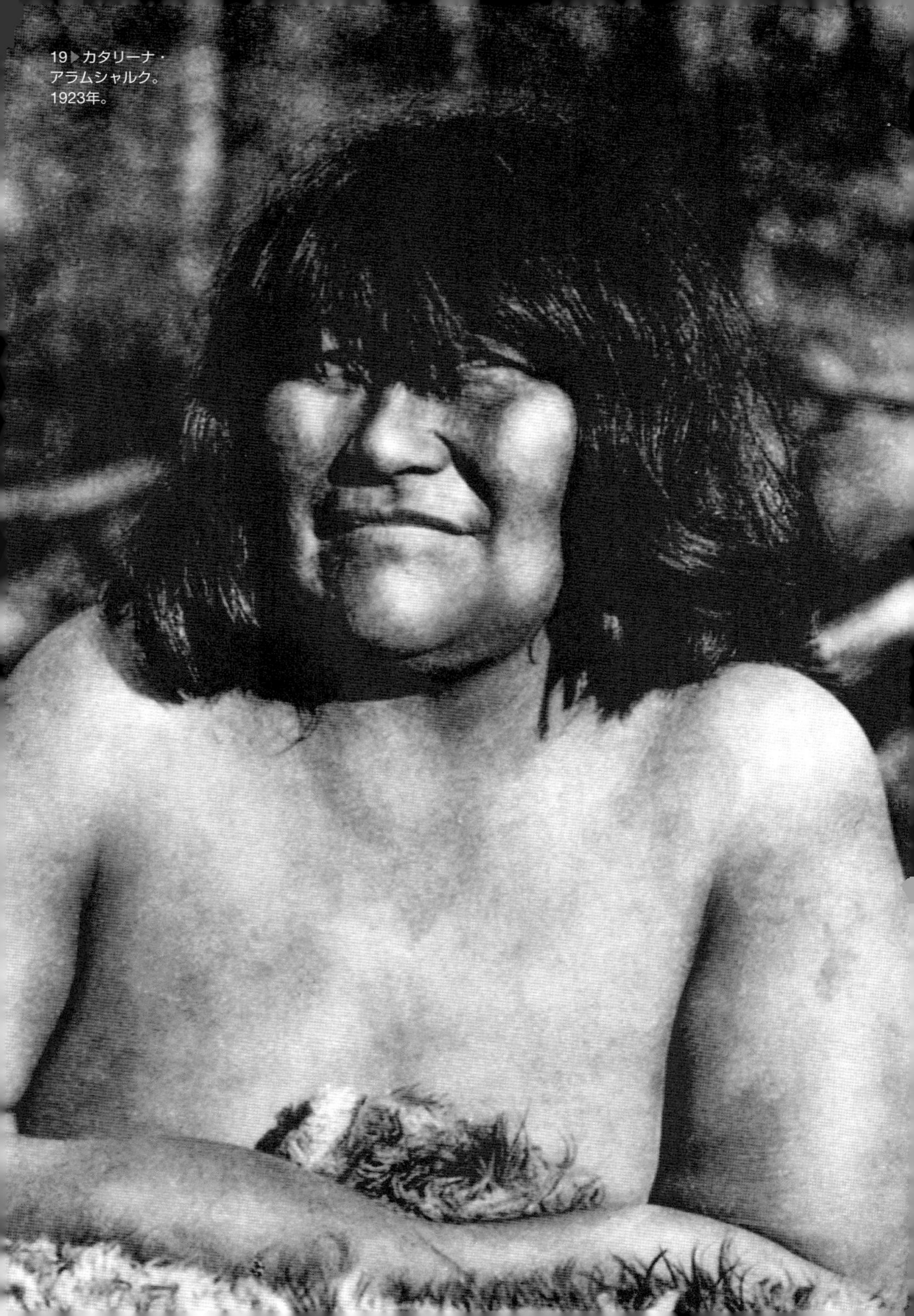

19▶カタリーナ・
アラムシャルク。
1923年。

20▶左から右へ、グシンデ、テネネスクと、おそらくアンヘラとホンスカル（テネネスクの別の妻）とその三人の子どもたち。1923年、ハインの期間中のひとこま。マルティン・グシンデ撮影。

ルクナムも同じだった……。

ベッドもまたこの地の慣習に従ったものだった。土間に小さめの焚き木を並べ、その上に苔と皮の切れを敷いたものだ。太い幹を薄く切ったものが枕だ……大雨の時に滴ってくる雨漏りにも慣れた。並外れて厳しい冬の日は、朝目覚めると指一本ほどの厚さに積もった雪に覆われているので、ベッドカバー代わりの（グアナコの）ケープは丸める前に、一枚一枚雪を振るって落とす必要があった。私は生まれつき標準より幾分体温が低く脈も遅いので、この寒さには本当に参った。だが何ともありがたいことに、焚火が途絶えることなく燃え続けている……。焚火はインディオにとって肝心かなめなものだ。健康と生命の支えなのだ。これほど寒く湿気の多い地域では、火がなければ生きていけないのは確かだろう……。私にとって何より辛かったのは、最低限の衛生すら保たれていない中でやっていかねばならないことだった。あのおびただしいシラミほど厄介なものはない(11)……。

グアナコの毛皮が発するきつい悪臭、自分の関心や目的を伝えてものろのろとしか対応しないインディオたち、孤独や寂しさなど、日々うんざりする様子をグシンデは書いている。にもかかわらず、調査者は一人でいるべきだと彼は忠告する。コパースが同行したこの前の旅で得た教訓だった。グシンデはコパースと二人だけで話すことは絶対しないようにしていたのだが、それでも現地人と接する際、彼らとの間に「なにか壁のようなもの」を感じていた。彼は注意して、女一人でいる小屋を決して訪れないようにしていた。二回目の旅で、テネスクの息子インシオルが別れを言う段になって、皆がグシンデをどんな目で見ていたのかを明かしたのだ。「おれたちは君をしっかりと見張っていたよ。女や娘たちが無事かどうかね(12)！」

五月半ば頃になると、グシンデは祭典がいつ始まるのかと気をもんでいた。男たちは「食べ物を調達する必要があるからクロケテン（ハイン）の祭典を途切れなくやることができない。男の数が少ないから……」と言って先のばしにし続けた。グシンデは彼らが何をほのめかしているかわかったが、食料を要求されたからといって驚きはしなかった。ヤマナ族との似たような経験があったので、かかる費用は予想していたのだ。それでも彼はメモにこう書き記している。「フエゴ人（この場合はセルクナム族）はご都合主義で、どんな状況であれうまく乗じる」。グシンデは、参加する男には結婚しているかどうかに関わらず、三日ごとに一人につき子羊を一頭与えよう、たとえハインが一冬中続くことになったとしても、と申し出た。また、各家族に三日ごとに一ペソ与えるとも約束した上、ハリミンクと息子のナナにはタバコ一包みをこれもまた三日ごとに与えることにした。この申し出にもかかわらず、ハリミンクは出て行けと脅した。だが、鋼鉄製の大きな斧というさらなる贈り物で納得し、寄進者に対する態度は一八〇度変わった。かくも気前のよい寄進は全員の熱狂をもって受け入れられた。一刻も早く祭典にとりかかりたかったグシンデは、三人の若者とともに馬で近くのサレジオ会の牧場へ向かい、三六〇頭の子羊を購入した。この寄進があれば、男たちが二、三日ごとにグアナコ狩りに行く必要がある場合に比べ、頻繁にいろいろな場面がくり広げられることになる。彼らはグアナコの肉も食べた。祭典の期間中、クロケテンたちが頻繁に狩りに行かされていたからだ。[13]

一九二三年頃には、インディオたちはたいてい夏期は牧場の使用人としてそれらしい恰好をしていたが、冬と祭典の間はグアナコのケープをまとっていた。[14] 男たちは髪を短く切り、今や多くの者が口髭を生やしていたが、昔であればそれは認められなかっただろう。セルクナム族は、かつては顔中の毛という毛を丹念に抜き取っていた。一九〇〇年頃生まれたアンヘラでさえ、若い時には眉毛をほとんど取っていたし、ロラももちろん同じだった。二人ともガリバルディのとても濃い眉毛をからかったものだし、ロラはきっとテネスクの垂れ下がった口髭を嘲ったことだろう。だが、昔ながらの暮らしは完全に消え去ってはいなかった。ハインへの情熱は未だセルクナム族を一つにしうるものだった。一年前にもハインを行ったばかりだが、グシンデのおかげで一九二三年、再び行えることになったのだ。

この年のハインに関して考慮に入れておくべき大切な点がある。二人のクロケテンがまだ一六歳と一四歳で、通過儀礼を受けるには若過ぎたことだ。それ故、適齢期のクロケテンに比べ、さほど手酷く扱われることはなかった。同じく、彼らの後見役（クピン）も、クロケテンに対しての責任を引き受けるには若過ぎた。

しかし、最年長クロケテンの母親アクキオルは、祭典での主要な役割にはうってつけだった。グシンデはその人となりに関してはほとんど触れていないが、写真は何枚か撮っている（写真12、22、54）。彼女はハリミンクの第二の妻で、第一の妻と同じくハリミンクの従妹で、同じ親族集団《リネージ》に属し、同じハルウェンだった。この時期に至っても、こうした族内婚をしたことでハリミンクは厳しく非難されていた。

アンヘラ・ロイヒはこのハインに出ていたし、おそらくそのまれな美しさに魅かれて何枚か写真は撮っているのに、グシンデは彼女の名前には触れていない（写真18、20、55）。同じくこのハインに参加していたハリミンクの義理の娘（ナナの最年長の妻）カタリーナ・アラムシャルクのことは一か所で触れている。ナナは「秘密」を明かしたとしてグシンデを糾弾したが、話したとされる相手はおそらく彼女だった。(15) グシンデにとって、彼女は最も重要な女性の情報提供者だったのだ（写真19）。

次の章はかなり詳細なハインの紹介だが、それを読む前にひとつ思い出しておいてほしい。この祭典はクロケテンの通過儀礼と訓練、そして女たちへの戒めでもあるが、同時に晴れがましい社交の場でもあり、そして参加する者にとっては重大な宗教的意味をもつものだったということを。

Ⅳ

ハイン

身体彩色《ボディーペインティング》の技巧——日常生活用とハインの「精霊」用

セルクナム族の美術的才能は、身体彩色《ボディーペインティング》に表れている。首飾りなどの装身具も少しは作ったが、「物品」を塗ることはなかった（弓だけは迷彩効果のために塗った）。近隣のヤマナ族と違って、儀式小屋の内部を飾りたてることはせず、またほかの何物も飾らなかった。その身体彩色にしても、決して世界の他の地域にみられるような凝ったものではない。それが「美しく」独特と言ってもいいのは、最小限の型を用いて多数の模様を生み出している点にある。この「型」には二つの要素しかない。形——円と、いろいろな長さや太さの線と点線、そして色——濃淡さまざまな三色、だ。この基本的な要素だけで充分で、驚くほどさまざまな象徴的模様を創り出していた。これに関しては詳細に研究する価値があるが、ここではその幅広さを知ってもらうだけにとどめておく。

　彼らは明けても暮れても身体彩色にいそしんでいた。これは楽しみであり、湧き上がる欲求であり、お望みなら文化的特色と言ってもよいが、おざなりにされることはまずなかった。彩色には純粋に実用的な面もあった。寒さから身を守り、狩りの際には迷彩色となり、水浴びの代わりにもなった。ルーカス・ブリッジズはこう指摘する。「この彩色は、実に清潔な習慣だった。新たに染料を塗る前に、古いのを力いっぱいこそげ落とすからだ」。こうした実用的な理由だけでなく、彼らはことあるごとに体に象徴を描き、塗ったのだ。ブリッジズによると、両性ともに気分の良いときはある特定の模様を用いた。また他には「放っておいてほしい」という合図になる模様もあったという。女たちはより美しく見せようと、髪と上半身に赤のオーカー〔粘土質の赤または黄色い土、黄土《おうど》〕を塗った。また、訪問に出かけるときや客が来るとき、ちょっとした長旅に出るとき、追悼式や競技大会、とりわけ格闘技と徒競走の行事の期間、女たちは特別な象徴を用いた。母親は、寒さから身を守るためだけでなく、見せびらかすために幼いわが子を彩色した。月蝕の間は、男も女も体を彩色した。結婚の儀礼では夫婦ともに彩色したし、男たちは戦闘に備えて、女たちは平和の儀式のために彩色した。II章で述べた、シャーマンの地位を得た者は、身体彩色には特にこだわった。その務めや儀式ごとの色や模様があるのだ。[1]

彩色用の色には、黒から灰色、純白から黄色がかった白、さまざまな色合いの赤があった。黒は木炭から取った。木炭はカルといい、黒の意味にもなる。黒はハウク・サア、「火の糞」とも呼ばれた。クオメあるいはコメクスが灰色もしくは明るい灰色で、マシクが暗い灰色だ。一番人気は赤レンガ色で、アケルと呼ばれるオーカーの粘土から取った。適度な粘り気が出るように、これを獣脂と混ぜてから熱して出来た塗料もアケルといった。その後、持ち運びに便利なように丸めて小さな球にする。赤を意味する一般的な語はポテルだが、鮮紅色はトシュといい、薄いのや黄色がかった赤はアテンといった。純白はクアイトレおよびショオルと呼ばれた。黄色がかった白――これも粘土だが――はコーリあるいはコオレと呼ばれ、人気が高かった。砂色はウールススと呼ばれた。これらが主な色と原料だ。灰色と赤、そして黄色までもが同じ粘土から見つかることもあった。粘土は水で、時には唾で混ぜることもあったが、普通は溶かした獣脂か、クジラ、アザラシ、グアナコの油脂と混ぜた。[2]

白の粉は、石灰岩の崖で見つかるチョーク〔白亜〕か、グアナコの骨を擦り砕いたものだった。灰色がかった色合いを出すため骨を焼くこともあった。このきめ細かい粉を塗るには、両手で彩色を施される者の体を叩いていく。また、口に含んだ粉を乾いたまま相手の体に吹きかけてやることもあった。すでに体には他の塗料か油が塗られているので、吹きかけた粉がくっつくのだ。塗料が糊状なら、単純に手のひらか指を使って塗りつけたのだろう。線を引いたり点を打ったりするには、へらとして小さな棒やネズミイルカのあご骨を使った。[3] 例外的に二人の精霊（クテルネンとタヌ）には鳥の羽毛もつけ加えられた。それ以外には、ハインの精霊の扮装には羽毛は使われることはなかった。

赤は最も美しい色とされていたので、ほぼ全員がアケル粘土の球を自分用に持っていた。その一つか二つを獣皮かアザラシやグアナコの膀胱で作った小さな手提げに入れて持ち歩いた。この粘土の中でも良質のものは、島のほんの二、三か所でしか見つからなかったので、白の塗料として使われた石灰岩と並んで、重要な物々交換の対象だった。

最も手のこんだ身体彩色《ボディーペインティング》はハインの精霊の扮装であり、本領が発揮されている。その文化的意味とは別に、美術作品としても鑑賞に堪えうるかもしれない。扮装するのは、女たちをだまし、時には笑わせるのが目的とされていた。だが、この扮装が男たちにいくつかの恐るべき精霊を鎮め、抑える力を与えていることについては、あまり明らかになっていない。それについては今後、解き明かされていくだろう。ともかく、こうした凝った身体彩色は全て、ハインの扮装なくしてはありえなかった。さらに場面によっては、純粋に儀式のためと個人的理由から全員（子どもを除く）が体を彩色したが、これは扮装では全くない。

ハインの祭典で身体彩色に使われる基本の三色は、厳密には象徴ではなかったが、かといって全く恣意的だったわけでもない。原則として白は「南天」、赤が「西天」、そして黒は「北天」の象徴だった。ホーウィン（神話時代）の偉大な「南天」のシャーマンは、その名をホシュと言ったが、それは普段なら雪のことで、時には白の意味でも使った。赤は日没、「西天」、そして「月」と母権制に対する反乱を率いた「太陽」クレンと関連づけられていた。「北天」の色である黒は雨を、そしてホーウィンの別のシャーマンであるチャルを表した。ホシュ、クレンそしてチャルは、日常用語であると同時に、神話の登場人物の名でもあったのだ。しかしあまりに頻繁に用いられるので、白、赤、黒がこうした基本方位（天）や右記した神話時代の英雄を表すとは限らなくなってしまった。グシンデの言うとおり、色自体に固有の象徴的意味があったわけではない。[4] 模様と同じく、色も時には動物の象徴となった。たいていはホーウィンの祖先が身を変えた鳥だった。一番良い例が精霊ショールト全てにある白い斑で、こ

21▶1923年のハインの配置

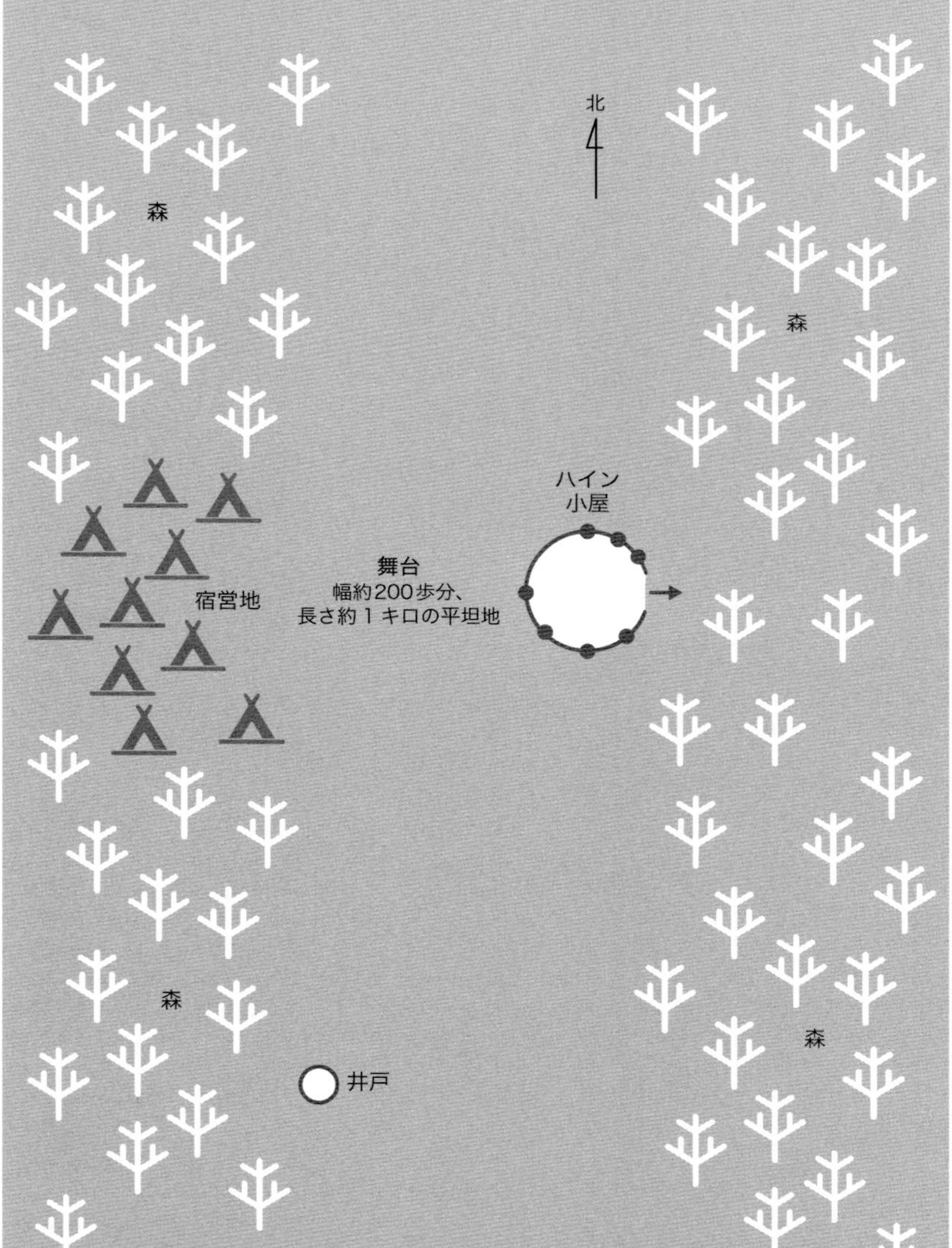

れは先祖のクテトゥが変身したクテトゥ・フクロウ――われわれにもなじみ深いメンフクロウ――の白い羽を表している。別の精霊（マタン）の模様はクロエリハクチョウの象徴だ（後述）。さまざまな模様に使われる点や線や帯状の縞は、その数には特に意味はなかったようだが、大きさと体のどこにつけるかということが重要だった。もっともたいていは精霊の見分けがつくようにするためだけのものだったのだが。

どの精霊なのかすぐにわかる模様が少なくとも一つずつあった。精霊によっては、仮面の型や大きさが決め手となった。さらにそれぞれの精霊はその動きや身ぶり、「舞台」での演じ方からそれとわかった。また、しばしば指導役が観衆（主に女たち）に対し、こういう精霊が来るから出迎える準備をするように、と告げたりもした。これもまた重要なことだが、全てではないがほとんどの精霊には一つないしそれ以上の決まった詠唱歌があり、女たちが、あるいはハイン小屋の中から男たちがそれを歌った。彩色や飾りだけで精霊を見分けたのではないことは、留意しておく必要がある。三つの精霊（コシュメンク、クランとマタン）の見た目が驚くほど似かよっていることも、これで説明がつくかもしれない。もっとも一九二三年頃には以前と比べ、彩色の仕方がかなり杜撰になっていたということもあり得る。なぜかグシンデは二つの精霊（タヌとハインソ）の模様に限り、「正しい色分け」で彩色がなされていると考えた[5]。

精霊の模様は決して写実的なものではなく、全身も仮面も一色か、部分部分で異なる色に塗り分けられているかのどちらかだった。その上にさまざまな大きさの丸い斑、円、点、線、帯状の縞をつけ加えることが多かった。赤か黒の下地に白で模様を描いたり、また肘から先と膝から下が白で残りの部分を他の色で塗ったり、胸の半分をそれぞれ対照的な色で塗ったりしたようだ。

仮面には二種類あった。アスルというすっぽり被るタイプの仮面は革製で、後には布で作るようになった。これを頭から被って引き下ろし、後ろで結ぶ。もう一つはトロンといって、より強烈な印象を与えるものだ。円錐形で高さが七〇センチほどある。これを被った演じ手は、両手で耳の辺りを押さえておかなければならなかった。グアナコの皮または木の皮で作り、厚みを出すために葉や草を詰め込んだ。精霊はよく横へ歩いたり跳ねたりするので、目の部分の切り込みはかなり長かった。鼻や口のための穴はなく、アスルの仮面のようにぴったりしたものでもなかった。変わっていたのがウレンという名の精霊の仮面で、一九二三年のハインの際、島の北部から来た客が持ち込んだものだった。やはり木の皮でできていて草木が詰め込まれ、ほぼ円錐形なのだが、そのままでうまく頭に納まり、両手で押さえておく必要がなかった。

男たちは儀式小屋（これもハインと呼ばれる）の秘密の住み家で、ハインの精霊を彩色し飾りたてながら、少しでも女たちに準備の様子を気取られないよう気をつけた。しかし彼らは絶えず生活区域（ここでは宿営地と呼ぶ）に行っては、女たちに赤いアケル粘土をねだった。精霊の扮装におびただしい量を使うからだ。女たちの彩色に関しては何ら秘すべきことはないので、彼女たちと精霊に扮しない男たちは、いつものように家である宿営地で身を飾った。

グシンデは精霊たちの外観と色が驚くほど多種多様で、各々の精霊の性格を実によく表している、と評している。さらに、その形式と装飾には素晴らしい統一感があるが、セルクナムの日常生活しか知らない者にはそんなことがあろうとは思いもつかないだろう、ともつけ加えている。

女子の成人儀礼

「女子の成人儀礼」はハインと全く関係ないものだが、ひとこと触れておきたい。初潮を迎えた女子は、五、六日の間母親の小屋（自分もそこに住んでいる）に監禁される。その後も三、四週間、よりゆるい形ではあるが隔離が続く。毎日母親か近所の女が、その娘の顔に目の下から頬にかけて放射状に広がる白い細い線を描き、体には赤い粘土で彩色する。食べ物も飲み物もほとんど与えられず、おとなしく座っていなければならない。そして一人前の者にふさわしい品行や、生理が始まった者が知っておくべきことを、母親や親類の女が諭し助言する。同じ年頃の男子に近づいたり、結婚前に妊娠したりしないよう警告を受ける。グシンデは成人女子が守るべき二二に及ぶ生活上の戒律を列挙しているが、それをまとめると以下のようになる。II章で述べた女の仕事すべてに精を出すこと、魅力的で従順になり、将来夫と口論しないようにすること。こうした規律もまた女子に服従が求められていたことの証だ。この時（一九二三年）に至っては、仮にこの「儀礼」が行われたとしても近所に住む者が気づくことはなかったろう。グシンデも私もこれに関する十分な記録を手に入れていない。この文化の崩壊が始まる前は、単なる助言や食事制限と中途半端な隔離では済まなかった可能性は十分ある。(6)

ハインが始まる

一九二三年五月二三日、夜明けには程遠くまだほとんどの者が眠っている時刻、ハインが始まった。祭典が続く間は終始、カイ・クロケテンと呼ばれる最年長クロケテンの母親が女たちをまとめる。この年は、二人のクロケテンのうちの年長者アルトゥロの母親で、ハリミンクの妻アクキオルがこの役を担った。彼女（に限らずどの女でもそうなのだが）はこの機会に限って、グアナコの毛皮で作った大きな三角巾を頭に巻いた。小さいものは男が普段身に着ける衣装の一つなのだが、祭典の間は成人男子の象徴として、通過儀礼に則りハイン小屋の男たちがクロケテンの頭にこれを結わえる。

夜明けにはまだ程遠い時刻、アクキオルは住まいの入り口の前に立つと、「ハイチュラ」（#1）を歌い始めた。グシンデはそれを「光を嫌う生き物の陰鬱な遠吠えにも似たもの」だと思った。他の女たちもみな起きてきて加わり、全員で三〇分以上歌い続けた。この歌が夜明けを呼ぶのだとロラは教えてくれた。彼女の説明は、ハイン神話中のある逸話からも確かめられる。

北から来たクロケテンには一人の妹がいた。彼女はいつまでも闇が続くのに気づき、小屋の前へ歩み出て歌った。歌っているうちにどんどん明るくなっていった。いまや昼はずっと長くなった。昼の間、光が薄れぬよう少女はさらにいく度か歌った。(7)

最初の夜明けの光が差すと、カイ・クロケテンの母は再び歌った。今度の歌は「ヨロヘウ」(#2)(夜明けの意)といって、太陽への挨拶としてこの単語をくり返すものだ。だが雨が降り始めた。それも雪まじりの。そして北から強い風が吹くと気温が下がり、熱意も冷めかけたが、それも長いことではなかった。

その日の正午、女たちは住まいの前に立った。そこが祭典を通しての彼女たちの立ち位置だった。それを待っていたカイ・クロケテンの母(アクキオル)は、自分固有の「クメユ」詠唱歌を歌い始める。他の女たちも加わり、最後には全員が同時にそれぞれが固有にもつ「クメユ」詠唱歌(#26〜34)を歌っていた。この詠唱の目的は、ハインの精霊の気を良くさせて、クロケテンを優しく扱ってもらおうとすることだった。それを一度にやられては大変な不協和音となって、耳に心地よいとはとても言えたものではなかったろうが、精霊たちは気に入っていたようだ。この長い祭典の間中、女たちは歌うことにかかりっきりだった。適切なタイミングで歌わないと男たちは激怒した。

五月二三日から七月一〇日にわたり、グシンデは祭典の日々の様子を記録しているが、あまりに簡潔すぎるので、これ以降の説明ではそれをそのまま使うことはしない。(8)

22▶アクキオル。最年長クロケテンの母親であり、1923年のハインの「ファースト・レディ」。マルティン・グシンデ撮影。

23▶1923年ハインのたった二人のクロケテン、アルトゥロ（左）とアントニオ。マルティン・グシンデ撮影。

ハインの進行は場当たり的で、たいてい指導役（相談役）たちが、その日のいつ、どの場面を行うかを決めていった。予定は彼らや他の参加者の好み次第で変わることを、グシンデは充分承知していた。しかし中には必ず予定通りに行われる場面もあった。たとえば通過儀礼は祭典の一番初めに行うと決まっていた[9]。

午前中、最後の準備も終わろうとしていた。「ハインの精霊」（ハイン・カシュピ）であるショールトのうち南にちなんだものが、別のショールトを伴って舞台に現れた。彼らはハイン小屋の中で体に彩色したのだった。上半身全体に赤いアケルを擦りつけ、膝下と肘から先は黄色がかった白い粘土が塗られている。ショールトの補佐役にはそれぞれテニン・ニン（「場を与える者」の意）という肩書があった。テニン・ニンは他の場面のとき、口に含んだ純白の塗料を役者の体の部分部分に吹きかけ、白い円や斑をつける。それは小柄な白っぽいフクロウ、クテトゥの羽毛を表し、最初の男のハインでショールトの役を演じた男まえの（ハウウィットピン）シャーマンの象徴となる（I章）。

七人の主要なショールトの仮面は、テニン・ニン役となった男が一人または複数人で作る。これがアスル仮面で、かつてはグアナコの皮で作ったが、もっと後になると（一九二三年の時のように）布製になった。このうち四つの仮面は赤いアケルが塗られ、目の辺りにかなり太い帯状の横縞を白でつける。二つは赤と白で半々に塗り分け、一つだけ赤一色のものがある（後述）。仮面は頭部全体を包んで括られ、目と鼻の部分に小さな穴が開いていた。もう一種の仮面と違って頭を押さえておく必要がなかったので、「精霊」は自在に動くことができた。ショールトの役を演じる男には一人ひとりに補佐役テニン・ニンがつく。テニン・ニンはライルカ・アイン（伝統・父、つまり伝統の父の意）だった。この肩書を持つ男とショールトの役を演じる「役者」は親族で、同じ天に属する者でなければならなかった。テニン・ニンは演じ手の頭と首に仮面を括りつけながら、自分のショールトに優しくかつ確固たる調子で尋ねる。「お前はこれまでと同じ（存在）か？」。テニン・ニンは答えを期待しているわけではなく、さらに続ける。「さあここに座れ。お前と私は同じ者だ。我らはハインの孫息子なのだ。お前はもはや変わった。ホーウィンのクテトゥがおまえの中に入り込み、今やそれがおまえの姿だ」[10]。テニン・ニンはさらに語りかけ、その間ショールトは黙って聞いている。テニン・ニンの教えの内容は、しきたりとして決まっている。今やショールトとなり、もはや人間でなくなったからには、演じ手は決してしゃべってはならない。そこで、ただテニン・ニンが話すのを聞くだけなのだ。

徐々にそして目立たぬよう、ほとんどの男たちが宿営地を離れハイン小屋の中に集まった。一方宿営地では、通過儀礼を受ける若者の母親たちが永遠の別れを告げるかのように、息子たちの身を案じながら最後の数時間を過ごしていた。母親たちは悲しみと不安でいたたまれないのだ。その他の女たちはそばにいてなんとか慰めようとする。クロケテンたちは秘密の小屋で自分たちを待ち受けていることを恐れ、うろたえ、緊張していた。子どもたちは敏感に雰囲気を察し、いつもほどはしゃごうとしない。

午後になる頃には、二人のハインの相談役が祭典を通して男たちのいるべき場所を、七本のかなめの柱との関連から的確に指示し終えていた（図26）。想像上の「裂け目」（それが小屋を半分に分けている）の上を越さないよう気をつけながら各々の配置につくと、男たちは緊張した面持ちで小屋の内壁を背にして立ち、輪になった。火があかあかと燃えている。突然彼らはリズミカルな強い調子で「ホゥ？ホゥ？ホゥ？」と唱え始めた（#5）。ハインが始まったのだ。男たちの詠唱は半時間かそれ以上続く。宿営地の者は歌を耳にするとまず全ての活動を止め、黙りこくった。静まりかえり何事かが起こりそうな雰囲気の中、別世界へと運ばれていくような気分になってくる。

宿営地の者はゆっくりと再び動き始めた。二人のクロケテン、アルトゥロとアントニオを彩色しなければならないからだ。後見役（クピン）たちが二人を連れ出すため、母親たちの小屋へやって来た。そしてクロケテンの左腕をとって連れ出す。一方母親たちはその右側に寄り添いながらすすり泣き、大声で泣き叫ぶ。彼らは特定の小屋へと向かった。そこは、汚れを落として彩色するための小屋だった。中に入るとクピンが着衣を脱がせ、体の上から下までこする。その間女たちは「シャ・レカイン（汚れ落とし）」を歌う。クピンはそれぞれ自分のクロケテンを小屋の壁に向かって立たせ、体がぴんと伸びるよう、両手で屋根の柱をつかませた。それからクピンは皮の袋からアケルをいくらか取り出し、水を少しとグアナコの脂を加えて混ぜ、自分のクロケテンの彩色に取りかかり、頭から足まで体中を赤く塗る。その間女たちは、詞のないリズミカルな歌「ホショチェリコ」（#3）を唱えていた。[11]

赤は特に美しい色とされ、精霊の気を良くさせると考えられていた。次いで二人のクロケテンの母親たちが、息子たちの顔に三本の縦縞を描いた。一本は鼻の中央に、そして顔の両側に一本ずつ。その後女たちが全員で「コット・テ・ヘペ（〈その〉体は乾いた）」（#4）を歌う。母親たちの顔も同じ模様に彩色され、その間も歌は続いた。

彩色が終わろうかというとき、舞台に二人のショールトが初めて登場する。一人はハイン小屋の北側から、もう一人は南側から出てきた。二人が小屋から出るとき、男たちは再び小屋の中から「ホゥ？ホゥ？ホゥ？」（#5）を唱えた。ショールトがやって来たのは、クロケテンを受け取りたくてうずうずしているのを示すためだ。通過儀礼を受ける者が彩色されている小屋にいた男たちは、その場にいた者みんなにショールトを見ろと呼びかける。

一方宿営地では、少女と若い女たちが上半身に赤いアケルを塗り終えていた。ショールトがハイン小屋に戻ると、若い女たちは舞台に行くと小屋から七〇歩ほどのところで一列になり、二人のショールトを歓迎するため元気に叫び、体を左右に揺らし両腕を大きく振り上げながら走る。そして舞台中央で立ち止まると宿営地の方へ向き直り、叫び続けながら走って帰った。この年（一九二三年）、大急ぎで帰るとき、一人の少女が舞台で転んだ。これは不吉な前兆ととれる出来事だった。以前であれば少女はシャーマンに「殺され」ただろうが、このときは危険が去るまでの四日間、小屋に閉じ込められただけで済んだ。[12]

クロケテンの彩色が終わると、クピンはグアナコの外套を毛を内側にしてまとわせた。一般的な毛皮のコートと同じで、普段は毛を外にして着るものだ。指導役も外套を裏返しに着ていた。それが、今は通常とは違った時であることを表していたのは確かで、厳粛な、あるいはおめでたい行事の際のちょっとした「おしゃれ」なのだった。

❖――通過儀礼(13)

クロケテンの彩色も仕上がると、先ほどの二人のショールトが再びハイン小屋の反対側から現れた。男たちはまた「ホゥ？ホゥ？ホゥ？ホゥ？」を唱える。宿営地では、一人の女がショールトの一人を指さしながら、もう一人にこう囁いた。

あの二人、嬉しそうね。ゆっくりゆっくり動いているわ。すごく喜んでいる。もうすぐクロケテンが二人とも自分たちのものになるので楽しみなんだわ。あの子たちに優しくしてくれるように祈りましょう。ああ、可哀想に！　私たちが美しく色を塗って、きちんと整えてやったのだから、サルペンも情けをかけて（あの子たちを）あまり苦しめないでおいてほしいわ(14)。

女たちは「〈その〉体は乾いた」(#4)を歌い続け、グアナコのケープをまとった二人のクロケテンは左側にクピン、右側に涙にむせぶ母親がつき添い、舞台へと導かれる。彼らは重々しい足どりで、二人のショールトとハイン小屋の方へ向かう。母親たちは憐みに満ちた仕草をしながら、いっそう甲高く泣き叫び、それにつれてクロケテンの顔は募る不安でこわばっていく。舞台の宿営地側では若い女たちが一列になり、再び二人のショールトに向けて踊りながら明るい声で一斉に叫んでいた。若い女ははしゃぎ、母親は嘆くという対照的な様子にグシンデは衝撃を受けている。二人のショールトへの挨拶が済むと、少女たちは宿営地へ戻った。一方、舞台中央の小集団はハイン小屋へ近づいていき、母親たちはなおも息子たちの運命を嘆いていた。「可哀想に！　つらいわよね！　サルペンの気に入るように私たちはお前をきれいな色で塗っておいたからね。ああ、なんて悲しいのでしょう！」[15]。この最後の門出のとき、母親たちの悲しみは深かった。普通ならこれで何か月もわが子に会えなくなる。まだ若い息子がいなくなってしまうという絶望的な思いで別れの言葉を送っていたのだ。間もなく息子たちは大人の男の世界へ引き入れられ、「秘密」の守り手となる。

　母親、クロケテン、クピンたちが舞台の中央で止まった。ついに最後の別れの時が来たのだ。その頃にはショールトはハイン小屋に戻っていた。クピンに導かれ、クロケテンたちは母親から離れ、ゆっくりと前に進んでいく。彼らがハイン小屋の中へ消えると女たちは宿営地へ戻った。それからすぐ彼女たちはハイン小屋へ向かって灰を投げた（灰が何を象徴しているのかはわかっていない）。母親たちのむせび泣きは次第におさまっていった。宿営地は静まり返り、何かを待ち受けている。女たちはわかっていた。クロケテンたちはまさにこれから、祭典の中でも最もつらく苦しい目にさらされようとしているのだ。それが成人となるための儀礼で、クロケテン一人ひとりに別々に行われる。ハイン小屋の中へと最後の一歩を踏み入れるとき、クロケテンたちはものすごく緊張し怖がっていたという。

　一人目のクロケテン〔アルトゥロ〕がハイン小屋の中へ招き入れられた。目に入ったのは、壁に背を向け隙間なく輪になって立っている男たちだ。じっと火を見つめ、「ホゥ？ホゥ？ホゥ？」と唱えている。男たちはグアナコのケープをまとっているが、身体彩色はしていない。彼らはクロケテンを見ようともせず、唱え続ける。これが聞こえてくると女たちは成人の儀礼が始まったとわかり、自分の小屋へ駈け込んで身を隠す。

　クロケテンは男たちの顔をひととおり眺めると、小屋の真ん中で高々と燃え上がっている焚火に目をやる。男たちの後ろでは、壁との間のどこかにショールトがうずくまり、合図を待っているのだが、これには気づかなかった。

クロケテンを迎えるため火の近くに立っていた一人の相談役が、奥へ行って火に向かって立つように、クピンとクロケテンに身ぶりで示す。すでにクピンにケープを脱がされ、裸になっていたクロケテンは、身動き一つせず待った。逃げたり、ショールトに地下世界へ引きずり込まれたりしないように、クピンがしっかりと体をとり押さえている。

突然、大地が揺れたかのような重々しい地響きがした。男たちの輪の後ろでショールトがあらん限りの力で床を叩いていたのだ。指導役のテネスクが、新入り（アルトゥロ）に向かって叫ぶ。「上を見ろ！」[16]。間髪を入れず、後ろに立っていたクピンが両手で彼の頭をつかみ、上向きにして押さえる。その瞬間、あたかも地下世界から火をくぐって立ち現れたかのように、ショールトがクロケテンの前へ躍り出た。腕を弓なりに曲げて垂らし、こぶしを固くにぎりしめている。〔押さえていた手が離され〕クロケテンは頭が自由に動かせるようになった。目の前の仮面姿（赤と白に塗られている）にひるみ、彼は震え上がった。子どもの頃いつも恐れていたやつだ。この前、森で襲ってきたのもたぶんこいつだ。次の瞬間、ショールトは猛烈な勢いでクロケテンの膝に抱きついた。しがみついて投げ倒そうともがく。クロケテンは死に物狂いで倒されまいとする。言われていたとおり、両腕はぴったり体につけたままだ。相談役の一人が、手を組んで頭の上に載せて肘を張れ、と怒鳴った。指示に従うクロケテン。その周りを興奮したショールトがうろつき回る。性に餓えているかのごとく鼻息は荒く、喘ぎ、ぶつぶつ唸りながら体を揺らし、頭を下げては突き出してくる。突然ショールトがクロケテンの性器をつかんだ。強くにぎりしめ、さらに激昂して喘いでいる。クロケテンは抗いもせず、この激烈な痛みに耐える。まだ両手は頭の上で組んだままだ。彼を押さえているクピンの手に一層力がこもる。ショールトは力任せに新入りの性器を引き寄せ、しばし強くにぎりつづける。ついには両手で乱暴に引っ張り（一九二三年にはクロケテンがまだ若かったので、通常よりは手加減した）金切り声で叫んでから手を放した[17]。

別の年のハインでは、もっと痛ましい拷問がなされた。クロケテンは後ろから羽交い絞めにされ、ショールトに巨大な松明の火を押しつけられたのだ。クロケテンは自分の肉が焦げているのが臭いでわかった[18]。グシンデが聞いた話では、あるクロケテンなどは闘いの最中に陰茎をひどく嚙まれ、傷が癒えるのに何か月もかかったということだ。一九二三年の時は二人のクロケテンはまだ若く頑強でもなかったので、この儀礼の間さほど乱暴な扱い（あるいは拷問）は受けなかったし、たいてい長期にわたる狩猟の遠征にも行かずに済んだ、とグシンデは述べている。もし指導役がショールトに拷問を止めるよう命じた場合、ショールトはクロケテンを川へ投げ込むとか森で迷子にするなどと脅し、復讐を誓うのだった[19]。

腕を下ろしてよいと言われたとき、クロケテンは震えていた。激しい痛みに言葉も出ず、次に何が起きるかと怯えている。一呼吸置いた後、ショールトはまたも屈むとクロケテンの膝に取りつき、今度は転ばせた。男たちがクロケテンに怒鳴る。「闘え！　ショールトにつかみかかれ！」。こうして格闘となった[20]。ショールトはまだ屈んだままクロケテンの周りをうろつき、身をかわしたかと思うと今度は襲ってくる。そして性器に嚙みつくぞと脅すのだった。耐えてきた拷問への怒りが爆発し、クロケテンはショールトに飛びかかる。だが、敵の頭や首（仮面）に触ることは厳しく禁止されていた。少しでも触れようものなら、ショールトはその岩石の頭で突っ込んでくると警告されていたのだ。ショールトがクロケテンを火の方へ押しやる。あたかも、そこから地下世界へ突き落としてやろうとしているかのようだった。ショールトが自制心を失えば、性器に嚙みついたり、焚木をひっつかみ火傷させることもある。クロケテンに勝算はなかった。仮にショールトに迫ることがあれば、クピンが邪魔に入るだろう。クロケテンがショールトを打ち負かすことは、決してあってはならないのだ。若者は絶望のあまり半狂乱になり、彼もショールトも疲労困憊、汗みどろで苦しげに喘いでいる。ここで相談役の長が闘いの中止を命じた。男たちが再び「ホゥ？ホゥ？ホゥ？」を唱える。

ショールトは穏やかになり、しゃがみ込んだ。両手を膝の間に入れ、頭を少し垂れる。ぴったり張りついたアスル仮面の下で荒い息遣いを押さえようとしていた。クロケテンは失神してもおかしくなかった。あるいはほとんど失神状態だった。単に肉体的な過労からだけではない。ショールトはなぜあれほど獰猛に襲いかかってくるのか、そしてなぜ男たちがみな自分の敵に回るのか、という精神的混乱からだ。彼が立ち直る暇もないうちに、後見役がショールトの頭を指差し、あっと驚く命令を下す。「つかんでみろ！」。そして相談役が怒鳴る。「ショールトに触ってみろ！ そいつは岩か、それとも肉体か？ 固いか、それとも柔らかいか？[21]」。

ショールトは姿勢を崩さず、何の反応も示さない。クロケテンは用心深く近づき、恐る恐る触ってみる。それから仮面、肩、胸へと手を伸ばし、疑心暗鬼ながら答える。「肉体だ、柔らかい！」。男たちが混乱したふりをしている中、一人が声を張り上げる。「そいつはどこから来たというのだ？」。クピンに励まされ、クロケテンはショールトの頭、首へと震える指を這わせる。さらに促されてついには頭をつかみ、仮面を探ると脱がせ始めた。それにつれ、「役者」は両手で顔を隠す。クロケテンは命令に従い、腰は屈めず脚を少し曲げ、ゆっくり注意深く仮面を床に置いた。相談役が、ショールトの顔から手をどけてみろと言う。言われたとおりにし、彼は驚愕の面持ちで仮面を脱いだ顔に見入った。年長者の一人が彼に怒鳴った。「そいつは誰だ？ ホーウィン（神話に出て来る祖先）か？」。別の者がたたみかける。「誰だ、そいつは？ もしかするとアイルか？ ウーか？（近隣の集団、アラカルフ族とヤマナ族） ひょっとしてホシル（森の恐ろしい精霊）か？」。他の者が訊いてくる。「そいつがわからないか？ わかるなら名前を言ってみろ。その顔に見覚えはないか？[22]」。

クロケテンがにせ者の正体を悟るまで数分かかったかもしれない。彼が見入っているショールトの顔は黒く塗られ、しかめ面でぎゅっと目をつぶっているので、二、三分かかってもおかしくはなかった。誰だかわかったら、役者の名前を大声で言ってみろと言われる。だが混乱していてまだ正体がわからずにいると、（クピンに尋ねるなどして）答えを探せと言われる。そしてついにそのにせ者の名前をはっきりと言うと、男たちの一人が怒鳴る。「そいつを押し倒せ！」。似非《えせ》ショールトが地面に転がると、男たちは大笑いし、クロケテンの緊張もゆるみ、精根尽きてはいたが気分が軽くなった。なかには次の瞬間に憤慨でかっとなり、猛然とにせ者に襲いかかる者もいた(23)。

ルーカス・ブリッジズは一九〇二年に初めてハインを目の当たりにしたが、数年後、さほど詳しくはないが、その儀式について似たようなことを語っている。

> 何かが起ころうとしていた。男たちの畏怖に満ちた囁きが、成人となる者を大いに動揺させ、奇怪な亡霊（ショールト）が戸口に現れると、少年（クロケテン）は手も足も恐怖に震えた。
>
> ショート〔ショールト〕の関心はその少年だけに向けられているようだった。ぴくっと動いたかと思うと長い間をおき、ゆっくりと近づいてくる。このような恐怖心をあおる近づき方をされては、哀れな若者は立っているのもやっとで、逃げ出したくてたまらなかっただろうが、父親や友人が退路を塞いでいたのでそれもできなかった。少年の肩に両手を置くとコニヨルフ（少年の父親）は低い声でひと言ふた言何か励ました。とうとうショートが目の前まで迫って来た。膝をつくと、まるでぶしつけな犬のように匂いを嗅ぐ。いきなり両手を突き出したので、少年は尻込みした。こうした精霊たちは一人としてしゃべることはできなかった。だがショートは匂いを嗅いでは鼻息を荒げ、この新たな候補者は全く認められないことをはっきり示した。この若者が両親の願っているような品行方正な子どもではないことを、最もわかりやすく表現してみせたのだった。
>
> ショートが怒りと嫌悪で逆上しかかったとき、怯えたクロクテン〔クロケテン〕はその腕の中へと押しやられ、父親や友人たちに化け物と格闘しろと急き立てられた。少年は恐慌状態の中で火事場の馬鹿力を振るい、両者はもつれあがいた。取り巻きは遠慮なく笑う。それでも心から若者を応援し、闘う二人が火に近づきすぎない

ように絶えず気を配っていた。

この格闘試合では、最後は決まってショートはクロクテンに投げ飛ばされてやる。だからこの闘いはクワメン（クロケテン）の勝利で終わる。しかし自分を拷問した者の正体に気づくと、彼は激怒して再び襲いかかったので、笑いの渦が巻き起こる中、彼を引き離さなければならなかった。そしてショートも心から笑ったのだった。(24)


危機は去った。しかし儀式はまだ続く。ゼノーネも次のように報告している。クロケテンは少しの間じっと立っていた。それからショールトの皮の仮面をめくり上げて脱がせた。そして仮面の両端をつかんで引き延ばすと、それを自分の性器の下へ持っていってから少しずつ上へずらしていき、首のところまでゆっくり持ち上げた。一九二三年のハインでは、これを四、五回くり返している。それから突然クロケテンはピョンピョン飛び跳ねた。脚はぴんと伸ばし、手をぶらぶら揺らしている。そして何度もくり返しこう言った。「ブルルル……ブルルル……もう怖くなんかない、もう何だかわかったぞ……ああ、よかった」。彼は叫び、ひとこと言うたびにその場で飛び跳ねるのだった。そして同じ順番でこの感嘆と言葉を五回くり返した。一九二三年には、祭典の第一週の間、毎日この儀礼を催したが、続く三週間ではそれほど頻繁ではなくなった。グシンデはこの儀礼の意味を理解できないと述べている。(25)

これほどくり返されるからには、この儀礼がとても重要なのは明らかだ。クロケテンの性器の上を越して仮面をずり上げる行為と、もう「怖く」ない（「秘密」がわかったので）というクロケテンの言葉には、彼が一人前の男性としての地位を得たという含みがある。この儀礼を五回くり返してから、彼は自分のクピンに仮面を手渡した。その後少ししてテネスクが、コチルと呼ばれる大人の地位を象徴するグアナコの皮の三角巾をクロケテンの頭に

24▶言われたとおりに座るクロケテンたち。
1923年、マルティン・グシンデ撮影。

一人ずつ巻いてやった。通過儀礼は終わったのだ。クロケテン以外の全員が地べたに座った。クピンがケープをまとわせるが、右肩は出しておく（それが成人男子のケープの着こなしだった）。

通常クロケテンが許されている座り方は一つだけで、左膝を立て、その上に左腕を載せてほおづえをつく形だ。まっすぐ前を見て横を向いてはならない（写真24）。ハイン小屋の中ではじっとこの姿勢でいるよう命じられる。与えられた棒で体をかくことしか許されず、その棒はコチルという頭飾りに結ぶか、鉛筆のように耳にひっかけた。小屋の中で笑うことは許されなかった。笑ってもいいのは似非《えせ》ショールトの仮面をはがす時だけだった。また、弓矢は小屋の内壁に注意深く立てかけるように言われる。小屋の中では伸びやあくびもしてはならず、人の話は何でも熱心に聞き、質問に答えるとき以外は決してしゃべってはならず、水を飲むときは立って飲み、一滴もこぼしてはならない（水は後見役が持つ皮袋に入ったものから飲むことになっていた）[26]。

こうしたハインの劇的な行事の後、指導役がクロケテンに向かってこう言う。

これは全てお前を怖がらせるために仕組んだことだ。男はこうした芝居をするものなのだ。言っておくが、この小屋での出来事を決して女や子どもに話してはならない……。言葉に気をつけることだ。わしらは常に目を光らせているからな。お前がしゃべる（ハインの秘密を女に明かす）のをわしらが聞いたら、お前は即座に死ぬことになる。相手の女もだ。よく覚えておけ[27]。

クロケテンは、女たちに決して「秘密」を明かすな、ハインの中で行われることも一切言うなと、くり返し忠告される。普段の生活に戻っても常に見張られているし、この禁断の話をわずかでも仄めかそうものなら殺されるだろうし、打ち明けた相手の女も即座に死ぬはめになる、と再三にわたり警告を受ける。前述したように、「殺す」

と言ってもシャーマンの力の行使を意味する場合が多く、普通効果はなかった。ただ、シャーマンが誰かを「殺した」ずっと後になってから、その者が自然の成り行きで死んだ場合でも、それがシャーマンの力によるものとされることも少なくなかった。

今やショールトがただの男だと知った新成年は、おそらくすでに「秘密」をまるごと察していただろう。他のハインの精霊も全て同じなのだ、と。ガリバルディが私に教えてくれたのだが、クロケテンを弱らせて意気をくじき、年長者の言うことにはおとなしく従おうという気にさせるのがこの儀礼の狙いだったという。

その後しばらくしてから、クロケテンはこれまでの不品行について告白を迫られる。盗みをしたことはないか、老人に失敬な態度をとらなかったか、また女と肉体関係をもったことはないか。だが、肉体関係をもったことがあったとしても罰せられることはなく、相手の女の名前をきかれることもなかった。ただ、未成年のうちから肉体関係をもつと発育が止まるぞ、と警告された。

第一日目の後、そして数か月に及ぶ祭典を通して、相談役と物知りの男たちは、集まった男たち、特にクロケテンに向けて、ハインの縁起を物語り、ホーウィン（神話）の不実な女たちと彼女らによるホーウィンの父祖へのけしからぬ虐待について、長々と説くのだった。この世界と今の暮らしがどのように始まったのか、クロケテンはたくさんの話を聞く。動物、風と海、星、太陽、そしてとりわけ月に関する神秘を教わる。こうした自然の存在へと身を変える前のホーウィンの英雄と敵役の偉大な冒険のことも。クロケテンの注意力と知性はこんな質問で試される。「『太陽』（クレン）が地上に住んでいたとき、日の光はどこからやって来ていたのだ？」[28]。

クロケテンの注意が散漫になると、相談役や年配者は話すのを止め、このクロケテンはトゥル・ラケン、つまり「失礼」だと当てつけを言う。クロケテンがトゥル・ラケンだと言われ続けると、翌年あるいはそのすぐ後の祭典で、儀式を最初から最後までもう一度やらされることになる、とフェデリコは力説していた。ガリバルディによれば、テネスクは全てのシャーマン（ソオン）の中でも一番の物知りだったので、クロケテンに話すのはいつも彼だったという。注意が途切れ、唾を飲み込んでいる若者がいると、テネスクは話を止め、続きは次の日まで持ち越された。クロケテンの教師はライルカ・アイン〔賢者〕でなければならないと、アンヘラは強調していた。テネネスクもこの地位にある者だった。

ハインの教えはたいていが理にかなったものだと、ブリッジズは述べている。ここでクロケテンが教えられる「戒律」をいくつか挙げておこう。

一、「秘密」を女や未成年者（子ども）に明かさないこと。明かせば「呪医」（シャーマン）が死に至る病をもたらすだろう。サルペンは女たちに強い嫉妬心を抱いているので、ハインの間は滅多なことでは女たちの目にふれないようにすること。

二、自分と同じハルウェン（親族集団《リネージ》ごとの領地）の女と軽佻なふるまいをしないこと。他の男たちの嫉妬心をかき立てて「あいつは妹と結婚したがっている」（非常に侮辱的な誹謗）と言われることになる。

三、妻は遠方のハルウェンから選ぶこと。その方が妻が夫の意向に従うようになるので好都合だ。また言い争いになっても、妻は味方となる親族が近くにいないので、おとなしくこちらの言うことを聞くことになる。

四、全ての女は母であるゆえ、敬うこと。たとえ老いたとしても、われわれ全ての母なのだ。

五、妻には優しくすること。しかし自分の心の奥底を知られないようにすること。もし知られれば、妻たちが昔持っていた力を取り戻すかもしれない。フェデリコによれば、初めての妻を叩くのは許されるが、それ以外の妻で以前別の男に嫁いでいた者を叩いてはならないとのことだ。

六、大喰いにならないこと。そうなると肥満して怠惰になり、良い狩人にはなれない。すると妻もしくは妻たちが、魚を捕まえてお前を食べさせるはめになる。妻は太っている方が良い。お前が良い狩人である証となるからだ。
七、後で腹が減ることもあるから、食べ物は捨てないこと。
八、肉を切るときは二〇切れくらいに分け、その場にいる全員に分けてから最後に自分の分をとること。そうすれば年をとってから同じようにしてもらえるだろう。ファーロンはこう述べている。「この自制心こそがオナ族の性格の際立った特徴だ。肉体の激しい痛みや辛さにじっと耐え、好奇心から質問をすることを控える……猟から持ち帰ったものは何であれ宿営地全体で分け合う……。欲張るのは彼らの倫理に反するのだ」。
九、年寄りを笑わないこと。老人や病弱な者に思いやりをもつこと。そうしていれば、年をとったり病気で弱ったりしても、若者たちが同様の敬意を払うだろう。
一〇、食事の前に腹を立てないこと。食べたものがもたれてしまう。
一一、侮辱を許さないこと。相手が敵の場合はもちろんのこと、家族や同族の場合であっても侮辱されたら必ず報復すること。この忠告はセルクナム族の好戦的傾向を最も明確に示している。これは家族への忠節を越えた義務なのだ。しかしなかには闘いに際して、従兄弟などの近縁者を殺すのを拒む男たちもいた。
一二―一六、勇敢であること。そして食べ物や快適さにこだわらないこと。友人に寛容であること。闘いに備え丈夫でいること。頼まれなくとも働くこと。人さまの役に立つこと。
一七、「白人とは一切関わらないこと」。これは一九二三年のハインでクロケテンだった息子、アルトゥロへ向けたハリミンクの忠告だ。(29)

クロケテンにとって、ショールトとの苦痛に満ちた対決が最大の試練だった。ショールトは一九二三年時のように手加減を加えることもあれば、白人が来る前なら当たり前だったように手酷く責め苛むこともあった。どちらにせよこの儀礼の後は、クロケテンが拷問を受けることは二度となかった。だがこの長い祭典の間じゅうおずおずとした態度でいることとされ、また厳しい躾けも受けた。

ハインの期間、クロケテンはあらゆる面倒な仕事をあてがわれる。薪を集める、年長者が眠っている間、火を絶やさないようにする、小屋を掃き清める、ごみを燃やす、犬が肉に近づかないようにする、などの雑事だ。もし周囲から不満の声が上がりでもすれば、隣にいる男に棒でぶたれる。食事は控えめにせねばならず、グアナコの肝臓、脳、骨の髄、心臓といった美味しいところは口にできない。わけてもグアナコの血を飲むことが禁じられる。目に見えぬ経血を流す、あるいは流す可能性があるからだ（II章に前述）。空腹かと尋ねられたら、常に否と答えなければならない。[30]

後見役クピンには、クロケテンが気をゆるめないようにしておく責任があった。けれども性格がさもしくなるといけないので、怒らせないように配慮した。最初の三晩、彼は一睡もしてはならないのだった。

新入りは毎日身体彩色をしなければならなかった。特に顔に白い縞をつける必要があった。やり方としては、まず左の掌全体にコーリ粘土〔黄色がかった白の粘土〕を塗りつける。そこに右手の爪でひっかいて線を入れてから、左の掌を顔に押しつける。こうして縞ができるわけだ。これはコセ・ターリまたはコシュ・タリエン、「顔の彩色」と呼ばれる。[31]

期間中、クロケテンはろくに眠らず、夜遅くまで何やかやで忙しい。かつては夜明け前に起こされ、薪を拾いに行かされるか狩りの遠出へ駆り出された。ひどい悪天候の時以外はほぼ毎日、狩りに行くのが当然とされていた。ハイン小屋から出てよいのはこの狩りの時と生理的欲求を満たす時だけだ。無論ハイン小屋の中にいるときはずっと、女たちの目にふれてはならないが、ただ一つの機会だけは例外だった（後述）。また、女たちが早朝の歌「ハイチュラ」（#1）を歌っているのを聞いたり耳にしたりすることも、絶対に許されなかった。これもまたクロケテンが夜明け前にハイン小屋を出なければならない理由だ。彼は森に入って座り込み、他の者が狩りにやって来るのを待つのだった。たまたまハイン小屋を出る前に女たちが歌い出してしまったら、すぐにケープで耳を塞いでハイン小屋を出て、できるだけ速く走り、女たちの声が届かないところまで行かなければならない。悪天候が続くと女たちは歌わないので、クロケテンはハイン小屋の中にいてもよかった。

❖——狩りの訓練

一九二三年のクロケテンたちはまだあまりにも若かったので、遠出の狩りもさほど過酷なものではなかった。以前ならクロケテンは狩りの間集中的な訓練を受けねばならず、それは三日から四日に及ぶこともあった。たゆまず恐れず、狙いを違わぬ射手となり、獲物の追跡に長けるよう仕込まれる。肉なしでも食いつなぐ方法、吹雪の際の身の処し方、雨の中での火の起こし方を教わる。男たち全員が教師となるが、わけても彼の後見役（クピン）と相談役がその責任を負う。時には犬一匹だけを伴として、寂しい森の中の長旅へ送り出されたりもする。すでにグアナコが命をつなぐ糧たり得なくなったこの期に及んでは、四、五か月の訓練で十分に思われた。かつてならセルクナム族は、クロケテンにしっかり狩りを仕込むにはゆうに二年はかかると考えたものだ。

狩人たちは速やかに移動する。速足で平原や谷を越え、砂と岩の浜辺を駆け抜け、丘や断崖、山々をよじ登り、湿地を歩き、沼地に膝まで浸かり、流れの速い川を渡り、吹き荒ぶ強風に抗いつつ雨でも雪でも進み続ける。クロケテンを肉体面のみならず精神面でも鍛え、なんとか自信をつけさせようと男たちは腐心した。

狩りの一行は最初の晩に何時間も移動することがあった。年長者たちが野営を決めると、クロケテンたちは薪を集めて火を起こすよう命じられる。そして一晩中燃やし続けなければならない。男たちは最初の食事用に肉を携えてはきたが、その後獲れたてのグアナコを運んできて炙るのは全てクロケテンの仕事だ。しかも彼らに与えられる分け前はわずかだった。ハイン小屋の中でいつもやっていたのと同じように、毎朝クロケテンは身体を白で彩色しなければならなかった。年長者たちは息抜きとしてケープを的にした射的や駆け比べ、格闘をしてクロケテンを鍛えた。[32]

女たちはクロケテンが何やかやで忙しいのを知っており、それがサルペンの横暴な命令によるものだと想像していた。肉が足りなかったり、あるいは機嫌を損ねでもすれば、サルペンはグアナコの代わりに彼らを食べてしまいかねない。クロケテンたちは身を守るため休みなく狩りに行かねばならないのだ、と女たちは信じていたという。そこでサルペンがハイン小屋にいると知らされると、女たちはクロケテンたちに勇気と力を与えるため「マア・トニ（今は遠くに）」と「ティリア・クオチェン（足首が疲れた）」を詠唱したのだった。同じ歌の中で「トゥル・ウリチェン（心・美しい）」(#20)を唱えてサルペンを鎮めようともした。[33]

ハインの精霊たちと登場の場面

❖――1　ショールト

ハインの精霊の中でもショールトは群を抜いて精力的で活発だ。一九二三年の時はほぼ毎日現れ、一日二回現れる時もままあり、二、三人連れだって来ることもしばしばあった。五〇日の期間中姿を見せなかったのは一三日で、それは主に雪嵐のためか、男たちがグアナコ狩りに行ったためだった。[34]とにもかくにもこの精霊を登場させる、という強いこだわりがある。ショールトが祭典を牛耳っており、それは驚くほど徹底していた。この祭典を理解するカギは、確かにこの精霊の「究明」にある。女や子どもたちと通過儀礼中のクロケテンに一番恐れられているのがショールトだというのは絶対に確かだが、それは出発点であってそれで「話」が終わるわけではない。肝心なのは、「本物」のショールトが存在し、妻の恐るべきサルペンと地下に住み、ともに火をくぐってハイン小屋へと出て来る、ということだ。このことも念頭においておく必要がある。

ショールトの数はハイラン――主要なショールトの召使で主人と共に「恐怖」をまき起こした――を数に入れなくても、ハインの他のどの精霊よりも多かった。全てのショールトが同じ象徴の表れであるように思える（後述の仮説参照）一方で、その役割や地位はさまざまだった。だがショールトにはひとつの原型があり、それはクテトゥ・フクロウを表したものだった。ショールトの体の白い斑はフクロウの羽毛の色と模様（特に翼を広げたときの）を表していたのだ。この斑は七人の主要なショールトに限らず、位が下の者にも全て描かれている（図25）。神話上の存在としてのクテトゥは「太陽」の天である「西天」の者で、偉大なる先祖のシャーマン七人のうちの一人だ。フェデリコとグシンデはともに、クテトゥは最初の男のハインにおけるホーウィンのシャーマンだとしている。この原型となった神話上の彼はショールトの役を特に上手に演じ、後にクテトゥ・フクロウになったのだという。この原型となった神話上のシャーマンと同じく、ショールトの役を演じる者は「完全無欠」である必要があった。すなわち男まえで筋骨たくましい者――ハウウィットピンでなければならなかった。フェデリコは、どのショールトも首をクイッとひねる動作をしてこのフクロウを真似ていた、と力説していた。仮面の目の部分には太い白の縞を引き、膝も白くし、前述の白い斑もつけてフクロウを真似ていたのだという。セルクナム族がこのフクロウに魅かれていたことは想像に難くない。胸を張った優美なさま、もの問いたげな丸い平らな顔に黒く鋭い目、小柄で滑らかな体、獲物を襲う際の素早く果断な飛翔。そしてまたこの地域ではごくありふれた鳥で、しょっちゅう目にしていたこともあっただろう。[35,36]

ショールトの所作は型にはまったものだった。体が岩でできているとされているので、「役者」は筋骨たくましい固い体をしていて、息をしていることがわからないようにする必要があった。ショールトは非常に小股で動き、

25▶クテトゥ・フクロウ。全てのショールトの扮装にその象徴が描かれている。オフェリア・ダマート画。

突然跳ねたかと思うとだしぬけに止まり、体を震わせる。クテトゥのようにクイッ、クイッと首を横にひねりながら進む。両手をにぎりこぶしにして、指を隠すように甲を正面に向ける。全身が岩でできているので、指などないのだ。腕は頭の上か体の脇で弓なりに曲げる（フクロウの翼を真似ているのだろうか）。ハイン小屋から出て来る時も、再び入っていく時も、力こぶを作るようにして、弓なりにしたままの両腕を上げこぶしを上へ向ける。他の精霊たちと同じく、口は利けない。そのこわばった動きには断固たるものがあり、見ている者を惹きつけるか恐慌に陥れずにはおかぬ、といったふうだった。[37]

一九二三年にグシンデは一六人のショールトを写真に収めている。七人の主要なショールトと九人の下位のショールトだ。これだけ多くの数の模様の異なるショールトがいるのだから、男たちがハイン小屋の中でこの精霊（他の精霊も）の装いを施すのに忙しいのも、ハシェとワクスというサルペンの使者（後述）を遣わして頻繁に女たちに塗料を要求するのも当然だった。

ショールトは、太陽が夜明けから黄昏にかけて天空を通る道筋の象徴となることがある。その場合、主要なショールトであれ下位のショールトであれ、その時どきに合わせてつけられる呼び名が八つあった（後述）。どのショールトも前述した同じ白い斑を基本的な象徴として「身に着けて」いる。とはいえブリッジズが目にしたように、この精霊の装いには色や模様の多様な形があった。片腕とその反対側の脚を白または赤くして、その上に別の色で斑点か縞をつけ加え、さらに鳥の綿毛をくっつけることもあった[38]。

一九二三年の時は、ショールトはみなアスルの仮面をしていた。これはとんがり帽子を首のところまで引き下ろしたような、ぴったりとしたものだった。他の精霊の大半が使っている重くて扱いにくい円錐形の仮面よりも、この仮面の方が好ましかったのは間違いない。ショールトはしょっちゅう宿営地へ行って、時には女たちのすぐ近くで激しい動きをする必要があったからだ。ルーカス・ブリッジズは一度、アスル仮面の前の部分を折り重ねて気味悪く垂れさがる鼻のようにしたものを見たことがあった。だがグシンデが写真に撮ったものは、皆ごく「普通」に見える[39]。

部外者には、一九二三年に写真に撮られたショールトたちが生身の男だとすぐわかる。仮面以外は体の輪郭が隠されていないし、その仮面でさえ頭にぴったり張りついている。それだけでなく、陰茎も露わなのだ。しかし女たちと同じように遠くから舞台の上にいるのを眺めたら、また色鮮やかに彩色がされていることも相俟って、この世のものとは思えなかったかもしれない。アンヘラが声高にこう言ったことがあった。「精霊たちは男のようには見えなかった。絶対そうだとはわからないわよ！」。ショールトが女たちに嫌がらせをするために宿営地に入っていくと、女たちはケープの下に隠れ、姿を見てはならないと言われていた。しかし、少なくとも二人の女がケープの下からのぞき見て、ショールトが人間の男である紛れもない証拠を目にした、という証言がある（後述）。

▼七人の主要なショールトとハイン小屋の柱

七人の主要なショールトと、ハインの建物の支柱は名前が同じだ。ともに男のハインの創始者であるホーウィンの七人の祖先を表した（あるいは具現化した）ものだからだ。その「〔神話〕時代」の偉大なシャーマンだった七人の人物は、一人一本ずつ岩の柱を運んで来て、最初の男の祭典小屋を建てたのだった。かくして男のハインが始まり、その間七人はそれぞれ自分にふさわしいショールトの役を演じた（I章）。また、神話は七人の偉大な男たちがそれぞれ「住んでいる地域から巨大な柱を引きずって来た」ことを明示している。出身地は自分の「天」であり、それはハイン小屋を構成する自分の柱の位置（四つの基本方位とその間の「方位」）と一致している。神話はまた、ショールトの現し身となる者が、そのショールトが表すのと同じ天の者でなければならない理由も示している。しかし、なぜショールト（と柱）の数が七つなのかはまだ明らかになっていない。四か八ならわかるのだが。七という数に特に意味があるわけでもなかった。実際に重要だったのは、四つの基本方位あるいは天、つまり四本の中枢となる柱だった。中間の、あるいは補助的な残りの三本は基幹である天のどれか一つに含まれていた。これについては後で述べる[40]。

七本のかなめの柱（支柱）につけられた名前から、この最晩期の祭典がハウシュとセルクナム二つの様式が混ざったものだったことが確かめられる。三本がハウシュの名で、パフイル、ウェチュシュ、ホイチクというのだが、意味は分かっていない。残る四本の名はセルクナムの日常語だ。テリル＝フラミンゴ、シェイト＝フクロウ、ケヤイシュク＝鵜《ウ》、そしてシェヌ＝風、となっている[41]。

このセルクナム語の柱のうち三本の名は鳥だが、偉大なシャーマンが姿を変えたものだ。四人目は風となった。残るハウシュのシャーマン三人がどうなったのかはわかっていない。四本のセルクナムの柱につけられた名が、文字通りそのものを示しているわけではない。たとえば、鳥の名をもつ三本の柱と風の柱、そしてそれと結びついているショールトも、これらの鳥や自然現象の象徴ではあるが実際的な関連は何もない。

ではなぜ「風」「フクロウ」「フラミンゴ」がハイン小屋の主柱三本の象徴とされたのか。その答えの一部をアン

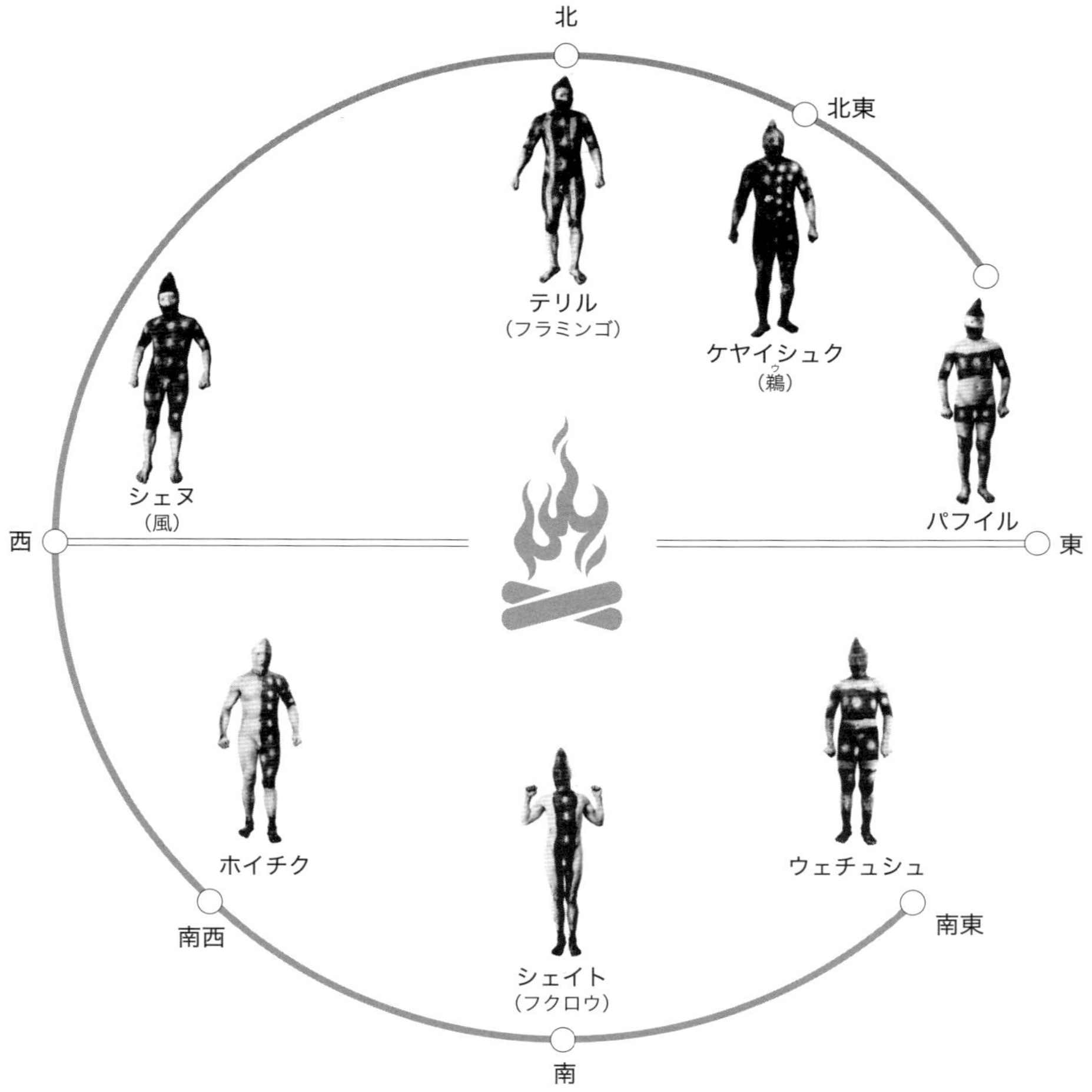

26 ▶ 7人の主要なショールトとハイン小屋でのそれぞれの柱

ヘラが教えてくれた。「太陽」の弟シェヌ、「風」は、イスラ・グランデのどの領地（ハルウェン）を「西天」の人びとのものとするかを定めた。一方、同じくホーウィンの偉大な英雄であるシェイトつまり「フクロウ」は、「南天」の者たちのために同様のことをした。「フラミンゴ」が何をしたかはわかっていないが、論理的に考えれば、同じことを「北天」の人びとのために行ったのだろう。中間の柱の表象であるショールト「鵜《ウ》」の意義についてもわかっていない。[42]

ここで、なぜ「太陽」の名がないのかという疑問が浮かぶ。「太陽」が先導し統率したからこそ、母権制と古の女のハインは崩壊し、男たちが父権制を確立して権勢を手にしたというのに（I章、最初の神話）。この問題は後で述べる仮説で扱うことにする。

七人の主要なショールトはその模様のパターンで簡単に見分けがついた。この役を特に見事に演じた者——現実の男の話だが——は、大した男まえ（ハウウィットピン）として長く語り継がれたのだ。

「南」のショールト（写真27）＝シェイト、「フクロウ」（単に白いフクロウ〔メンフクロウとは異なる〕とされている）の柱。基幹の（オイシュカ）柱。[43]

体全体を白く塗り、仮面から膝下まで非常に太い赤の縦縞がある。その上から典型的な大きい白の点または斑を二つ三つ塗ってある。白は南を表す代表的な色であることから、別の状況ではホシュ（雪という語）を連想させることもあった。ホシュは偉大なシャーマンで、「月」の弟だった。[44]

一九二三年の時、二八歳だったテネネスクの甥トインは確かに男まえ、ハウウィットピンで、彼がこの役を演じたにちがいない。テネネスクのハルウェン（および親族集団《リネージ》）は「南天」で、トインは同じ親族集団に属していたから、この役に選ばれたのは彼だったはずだ。[45] ハインは通常、第一の指導役のハルウェンで行われるので、そのハ

27▶「南」のショールト。1923年、
マルティン・グシンデ撮影。

28▶「北」のショールト（左）
と「西」のショールト。1923年、
マルティン・グシンデ撮影。

29▶「東」のショールト。1923年、
マルティン・グシンデ撮影。

30▶「北東」のショールト（左）と「南西」のショールト。1923年、マルティン・グシンデ撮影。

31▶下位のショールト（左）と、右はおそらく「南東」のショールト。
Ⅳ章の注50を参照。1923年、マルティン・グシンデ撮影。

ルウェンと結びついている天は祭典の間特別視された。それと同じ天の者とされるショールトと、タヌのようなその他の精霊も、同様に格が上がった。だが、この頃にもなると、そうしたことはおそらくもうどうでもよくなっていたのだろう。一九二三年のハインが行われたのは、ペスカドス（魚）と呼ばれる沼の近くだったが、そこはテネスクの「南」ハルウェンではなく（グシンデはそう思っていたが）、ロラの母方の祖父アラケンのハルウェンで「西天」に属していた。アラケンとその兄弟のうち二人は、一八九〇年代に羊牧場の使用人に殺されている。

ホーウィンの偉大なるシャーマン、シェイトはこの小さなフクロウに変身する前、「南天」の人びとに土地を分け与えた。

ある日、ハインの最中のことだったかもしれないが、ホーウィンの祖先たちが「変身した」現象を、トインがグシンデに説明しようとしたことがあった。二人は藪の前に立っていた。あたり一面に、ティエラ・デル・フエゴではごくありふれた蝶の繭《まゆ》があった。トインがそのひとつを取ってグシンデに開けて見せた。幼虫が動き出すと、彼はそれを指さして言った。

> ここに小さな生き物がいるだろう？　ちっぽけな小枝みたいだろう。こいつはこうやってケープに包まれているが、夏になると蝶となって現れる……。俺たちの祖先に起こったのもこれと同じことだ。みなかつては男だったが、ケープにくるまって地面に長々と寝そべり、長い間動かずにいた。そしてケープから出て来た時には、鳥や海の獣、山（となっていたの）さ。[46]

アンヘラはこのショールト〔シェイト〕の名前から、ある神話を思い出すのだった。クアニプ（文化的英雄とでもいうべき人物）は、ある男に対して猛りたっていた。男には、若くて大変美しく、愛くるしく、働き者の妹がいたのだが、彼女はクアニプの二番目（もしくは三番目）の妻になることを拒んでいた。激怒のあまり、クアニプはその兄を例の白いフクロウ、シェイトに変えてしまった。憤慨した妹は、クアニプの求愛を拒み続けた。これはクアニプには耐えがたいことだった。前にも増して猛り狂ったクアニプは、彼女を「醜悪なコウモリ」に変えた。この神話が載っている本は二冊あるが、ショールトのことにもハインのことにも触れていない。しかしこの話からショールトを思い浮かべるセルクナムは、アンヘラだけではなかっただろう。シェイトという精霊が対照的な性格（土地の分配者と地味なフクロウ）を有しているのは、それぞれの神話の種類あるいは範疇が違うことからきていると思われる。

「北」のショールト（写真28左）＝テリル、「フラミンゴ」（チリーフラミンゴ）、基幹の柱。深紅（または黒）の地にクテトゥの白い斑をいくつか描き、肩から膝にかけて指の幅の白い縞が二本、左右にある。膝下と肘から先は白く塗られている。あらゆるショールトの中でも最も強い権勢を持つのがこのショールトだとグシンデは書いているが、なぜそうなのかは説明していない。アンヘラは、テリルのショールトが本物のフラミンゴと同じように、赤地に白い縞で彩色されていたことを強調していた。彼女はテリルがホーウィンの有名な登場人物だったことは知っていたが、それ以上のことは思い出せなかった。「北」の代表的な色は黒なのだが、フラミンゴの色は赤であり、ここのところは曖昧になっている。

「西」のショールト（写真28右）＝シェヌ、「風」、基幹の柱。仮面から膝まで一面赤く塗り、その上からたくさんの白い斑が体中に散りばめられている。前述したように赤は「西」の色とされていた。「北」のショールトと同じく、膝下と肘から先は白い。[47] ホーウィンの登場人物シェヌは、偉大なるシャーマン「風」であり、「太陽」クレンの弟で、「西天」の人びとに土地を分け与えた。これは七人の主要なショールト全てに言えることだが、この彩色はシエヌが最初の男のハインでショールトを演じたときと同じ様式になっている。

「東」のショールト（写真29）＝パフイル、基幹の柱。パフイルはハウシュ語で、意味はわかっていない。このショールトには帯状の太い赤の横縞があり、やはり白い斑がつけられている。体は赤と白で交互に彩色され、仮面も同様だ。このショールトには、深紅の色合いを出すために赤粘土のアケルをカル（黒い灰）の塗料と混ぜたものが使われた、とアンヘラが教えてくれた。(48)

「北東」のショールト（写真30左）＝ケヤイシュク、鵜《ウ》（おそらくキバナウ）、中間の補助の（シクスカ）柱。右半身は右足も含めて全て黒く塗り、左半身は赤の地に例の白い斑がつけられている。フェデリコによれば、ケヤイシュクは鵜に変身する前、母権制ハイン破壊の最中に、娘が殺されるのを助けようとしたという。

「南西」のショールト（写真30右）＝ホイチク、もう一つの補助の柱。意味がわからない三つのハウシュ語の名を持つショールトの一人。仮面も含めて体の右半分が白、左半分は赤一色の地に白い斑がつけられている。ただし前腕部と膝下は伝統に従って白だ。(49)

「南東」のショールト（写真31右）＝ウェチュシュ、ハウシュ語で意味は不明。彼の柱も補助の役割。体全体を赤で塗り、白の斑が散りばめられている。赤地の上から手の幅の帯状の黒い（ここに写っているのは白）縞が三本、体を巡っている。(50)

▼下位のショールトたち

七人の主要なショールトの他に、九人の下位あるいは補佐のショールトがいて、グシンデが写真に撮っている（写真32、33、34）。別のハインの祭りではもっと数が多い場合があったかもしれない。九という数に象徴的あるいは神話的関連はみられない。この九人のショールトは特定の色や模様で区別されてはいない。ただしどれにもショールト特有の、クテトゥの白の斑またはそれらしきものがあり、フクロウの羽を表している。白い斑や前述のアスルの仮面など、主要なショールトそっくりではあったが、見分けはついた。さらに、グシンデによれば、格上の七人のような優美さに欠け、どこかぎこちなく、所作の緻密さでも劣っていた[51]。

彼らは主要なショールトの助手であり使者だった。一人で登場することもあるが、二人または三人組のときもある。しばしば宿営地へ入りこみ、女たちを怖がらせ、いじめた。七人の主要なショールトに比べて扮装も簡単だったので、宿営地へ送り込まれることも多かっただろう。

わかっている限りでは、下位のショールトについて神話で言及されているのは二人だけだ。一人は「南天」の鵜《ウ》、クヘウ（クロクビムナジロヒメウ）で、もう一人が「北天」のカプレ、大型のアホウドリ（ワタリアホウドリ）だ。しかし、それ以上の詳しいことはわかっていない。これらの鳥が天と関連があるのは当然で、ほとんどの動物がそのように〔それぞれの天に〕分類されていた。そしておそらく、それぞれにホーウィンの祖先があるとされていただろうが、その多くはわかっていない。

▼ショールト＝太陽が通る道の象徴[52]

ショールトには主要な者も下位の者も、現れる時刻によって別の呼び名がつけられている。夜明け前から午後遅く、そして日没（冬なら午後三時頃）までの、ショールトが現れる時間によって異なる名で呼ばれるのだ。こうした別名がついた者の写真はない。重要なのは、宿営地に入ってくるショールトにだけこうした呼び名がつけられるということだ。たとえば「南」のショールトが真昼に宿営地へ入っていくと、この時間帯に現れたという理由で、クランケヌク（後に挙げる呼称の六番目）と呼ばれる。ただし、七人の主要なショールトが女たちの詠唱に応えて登場した場合には、この法則はあてはまらない。したがって、あとに挙げる八つの語は個々のショールトの名前ではなく、単なる呼び名にすぎない。こうした呼び名があることは重要だ。ショールトは、女たちを懲らしめに現れる日中の時間帯、つまり太陽と直接関連していて、おそらく神話上の「太陽」を具現していること（後述）を証明しているのだ。この八人の「日中の」ショールトがもつ意味について、グシンデは何ら特筆していない。おそらく彼は、精霊ショールトが「太陽」を表していたかもしれないことに気づいていなかったのだ。

サレジオ会の記録によれば、最初に現れるショールトは、クアン・コスカ・ショールト（グシンデによればワンコシュカ）と呼ばれる。「夜明けの引き潮」という意味だ。右記の二番目の語「コスカ」は、明らかに「大洋」もしくは「海」を意味するコスから来ている。このショールトは五月二三日の日の出前に宿営地へ入って来た。次の日は午前六時頃で、女たちが夜明けを迎える挨拶（#1）を詠唱する声でグシンデが目を覚ました時だった。このショールトはハインの最初の五日間現れた。「女たちを気を張る状態に慣らす」ためだった。その後はたまにしか姿を現さなかった。(53)

二番手はグシンデがコソと呼んだもので、東の地平線が白々と明け初める頃にやって来た。夜明けの始まりがなぜコス（海）と関連があるのかは明らかではない。

三番手、ヤロは太陽が昇るにつれて現れる。この語の意味は夜明けだ。ヤロのショールトは五月二七日、日の出とともに姿を見せた。ロラは夜明けを歓迎する歌（#2）で、ヤロヘウという言葉をくり返していた。(54)

32▶下位のショールトたち。1923年、
マルティン・グシンデ撮影。

33▶下位のショールト。1923年、
マルティン・グシンデ撮影。

34 ▶ 下位のジョールト。1923年、
マルティン・グシンデ撮影。

四番手ヤラリスは九時頃、冬であればもっと早い時刻、太陽が地平線より上に昇った後に姿を見せる。このショールトは五月二四日の午前半ば、少し遅れて現れた[55]。

五番手アクエウは、明けの明星が天頂への途上にある頃に見られる。この言葉の意味はわかっていない。

六番手のクランケヌクは正午に現れる。この語はおそらく「真昼」という意味だろう。「クラン」は太陽（そして日中）を表す語としてグシンデが用いた表記で、私はクレンと書いている。実際、五月二七日の正午にこのショールトはやって来た。グシンデは後に著書の中で、クラン・ケヌは「真昼」だと定義している。このショールトと次のクランカイシュクは頻繁に姿を見せた。冬は日が短いので男たちはできるだけ日光の恩恵に浴そうとしたのだ、とグシンデは指摘している。女たちは彼らを見ると、とても喜んだ。より美しい主要なショールトたちは、太陽の照る「時間帯」を受け持ち、下位のショールトは残るもっと暗い「時間帯」をあてがわれた[56]。

七番手クランカイシュクは、一時と二時の間という午後の早い時刻に姿を見せたが、これは冬であれば午後もかなり遅い時間だ。グシンデはこの語を宵、もしくは黄昏と定義している[57]。

最後の八番手はサネンケパウウェンと呼ばれる。グシンデはこの語の意味を明らかにしていないが、パウウェンはおそらく「競走」または「走者」で、サネンは間違いなくシェヌ、「風」を別の綴りで書いたものだ。つまり「風の競走」もしくは「競走する風」となる。ホーウィンの登場人物としての「風」は「太陽」の弟で、ともに「西天」、日没の空にちなんでいることを想起してほしい。グシンデは、このショールトが見られたのは午後二時と三時の間だったとしている。冬なら黄昏が迫る頃だ。一九二三年にはこのショールトは滅多に現れなかったが、彼が現れれば今日の見世物はもうおしまいということだった。宿営地を不格好な小股で走り回るその姿を見て、女たちは笑いこけた。全身を赤く塗り、胸に手の幅の黒い帯状の縞をつけ、さらにへその部分にもう一本縞があった。そして全てのショールトに共通の、あの大きな白の斑が散りばめられていた。この様子はウェチュシュのショールトに大変よく似ている。グシンデは、午後遅くに宿営地へ送り込まれたウェチュシュをサネンケパウウェンだと勘違いしたおそれがある。彼はこの八番目のショールトだけが独自の彩色がなされていると書きながら、同じページでこれらの「ショールト」は主要なショールトおよび下位の者によって演じられたと明記している。彼はまた、前述した語は名前ではなく、現れた時刻を指しているのだとも書いている。したがってこの八つの日中の「ショールト」が、単なる呼び名であることは間違いない(58)。

▼ショールトが宿営地へ行き女たちに嫌がらせをする(59)

一九二三年のハインでは、ほぼ毎日(太陽が照っていれば)少なくとも一人、しばしば複数のショールトが宿営地へ行った。それが主要なショールトであれ下位のショールトであれ、たいていあれやこれやで女たちを怖気づかせ、子どもたちを怖がらせるのが目的だったが、全く暴れずにいることもあった。フェデリコによると、宿営地にやって来て女たちを叩くのは一人だけで、あとのショールトは悪ふざけをしただけだった。

宿営地へ行って女たちを虐げるショールトには大変な訓練と素質が必要だった。下位のショールトは女たちの宿舎に入っていっても、おそらくそのような真似はしなかった。この役が全ての中でも一番難しかった。女たち(そして子どもたち)はケープ(あるいはベッドカバー)に身を包み、入って来たショールトを見てはならないとされてはいたが、少しでも演じ手の正体がわかってしまうような所作をすれば、「秘密」がばれてしまいかねない。フェデリコと同じときにクロケテンだったエステバン・イシュトンは、ある子どもが歩き方からショールトの正体に気づいたことが一度あった、と言っていた。

フェデリコとグシンデによると、女たちの詠唱に身が入っていないと、「女たちを痛めつけるため」相談役がショールトを宿営地へ送り込んだという。女たちは心底おののいた。ショールトはしばしば住まいを打ち壊し、家財道具を近くの森にぶちまけ、さらには籠や棒で打ってくるからだ。たとえこうした「精霊」が「本物の」ショールトではなく、単に男たちが演じているだけだと知っていたとしても、女たちがショールトの来訪を恐れたのも当然だった（この章の終わりを参照）。こうした場面は重要なので、ここでもっと詳しく見ておきたい。

ショールト来訪時には、おそらくその権威を高める目的でシャーマンが同行した。地面に雪があれば、ショールトの足跡の上にシャーマンが一つ一つ自分の足跡を重ねていった。精霊は足跡を残したりしないのだ。ほぼ毎日、ショールトが宿営地へ出向こうとするとき、男たちは「ホゥ？ホゥ？ホゥ？」(#5)と唱えて女たちに警告を発する。即座に、クロケテンの母親を除く女たちはみな小屋の中へ駈け込み、身を覆って動かなくなる。クロケテンの母親たちは自分の小屋の前にいて、ケープで顔を覆う。彼女たちもショールトを見てはならないのだ。ショールトが辺りを闊歩している間、女たちはみなケープの下から「ホゥ？ホゥ？ホゥ？」の歌を真似て返す。

ほとんどの女にとってショールトの来訪は不安なひと時だった。ただシャーマンの妻と親類縁者だけは別で、特別扱いされていた。シャーマン（ソオン）が妻への不満を訴えると、ショールトは彼女を罰することはできるが、「敬いつつ罰するのだ」(60)とフェデリコは説明していた。ショールトが義理の母親や親族の特定の者を打つことは決してなかった。ショールトが女を罰しにやって来る時は、しばしば暴君のごとき重苦しい雰囲気に包まれていた。模範的な従順な妻とは言い難かったり、詠唱の仕方が良くなかったり、塗料やサルペンへの肉を十分に提供しない女が罰せられた。男が妻の素行に不満なとき、宿営地を訪れる予定のショールトにそのことを打ち明ける。ショールトはその話や日ごろの女の評判、さらには自分の衝動に基づいてふるまう。利かん気なその女を探し出すと、荒々しく小屋を揺さぶる、炉床を蹴散らす、家財道具をばらまく、あるいは籠を投げつけるなどして、脅すだけで済ますこともあった。そうかと思うと棒で打ったり、グアナコのケープの下で身をすくめている上から叩いたりすることもあった。女の住まいを取り壊すことすらあった。その際には、恐る恐る、慎重を期して事を運んだ。まず小屋あるいはテントを部分的に覆っている獣皮の一枚に触れる。そしてゆっくりとつかむと木の枠組みから力任せに引きはがし、地面に叩きつける。これをやり続け、しまいには柱だけが残される。彼は柱を一本一本つかんでは放り投げる。こうして建物は完全に取り壊される。覆いがかなり高いところにあると、彼は両足を揃えたまま飛び上がってたぐり寄せる。この間ずっと水の入った袋に触らないよう気をつけている。水がこぼれると体に塗られた塗料が溶けて流れてしまうからだ。

女か物心のついた子どもがのぞいているのに気づくと、ショールトは殺しかねない勢いで叩くこともあった。折檻されるのを恐れた子どもたちがショールトから逃れようと、宿営地の外れまで逃げてしまうことも時どきあった。一九二三年の時、女がショールトに発砲したりしないよう、男たちは密かに銃器を全て持ち去り儀式小屋に隠した。ショールトが宿営地から立ち去る段になると、男たちの一人が女たちに向かって叫ぶ。「起きろ！　ショールトが出て行くぞ！」。するとクロケテンの母親たちが舞台の際《きわ》まで駆けて行く。立ち止まると前腕を上げ下げして敬意を表しながら、「ホ・クリーク」（ショールトの別名）をくり返し歌う（#6）。時にはショールト特有の仕草を真似て、曲げた両肘を上げて拳を内側へ向けることもある。ショールトは仮面の後部を隠すために宿営地の方を向いたまま退却する。ハイン小屋に近づくと、自分（演者）が属している柱の前で立ち止まり、いつものように二の腕を曲げ、小刻みに震えながら頭を左右にクイックイッと曲げてみせた。それから一跳ねするとハイン小屋の東側にある入口へ頭から突っ込んでいった。それはまるで地下世界へ飛び込んでいくかのようだった。

次に挙げる証言は一九一四年以前のものだという点で重要だ。前記の記述が正しいことの証でもある。報告者フアン・ゼノーネ神父がこの時のハインに臨んでいたのは間違いない。しかし彼はそうとは書いていなければ、文書に署名もしていない(61)。

その時のハインでは、祭典の期間中クアン・コスカ・ショールト（日中に出る最初のショールト）が夜明けごとに現れた。その手足と仮面は木炭の粉で彩色されている。ハイン小屋から出る直前、彼は床に強烈な一撃を加えて、中にいる男の一人を殺した（という想定だった）。向きを変え、入口から外へ飛び出すと、体と直角になるよう腕を弓なりに曲げ、腰のあたりで拳をぎゅっとにぎった（入口は隠されていたので女たちがこの様子を見ることはなかった）。そして宿営地の方を向く。（舞台を通っていくときは）小さな歩幅で素早く進み、首をわずかに右、前、左へと絶え間なく動かしている。小屋から聞こえたドスンという重々しい音で、女たちはショールトが来るのがわかる。すぐさまケープの下に隠れ、彼のための特別な詠唱を始めた（どの歌かは不明）。ショールトの狙いは、女たちに建て直させるだけのために小屋を壊すことだった。宿営地の前に着くと、彼は一度だけ飛び上がり、しばらくじっと立っている。それから腕を上げ、拳を耳の高さにもってくる。次に曲げたままの腕をゆっくりと顔の前へと持っていき、二の腕が体と直角になる。この姿勢で両腕と頭を右から左、後ろ、前へと曲げる。彼はこれを三度くり返した。

それから宿営地へ踏み込むと、小屋を取り壊しにかかった。まずは非常に注意深く、まるで怖いものででもあるかのように獣皮の覆いを一枚つかむ。それをゆっくりと振ると、小屋の骨組みから力任せに引きはがす。これは全て右手で行った。終始左右を見回しながら、皮を左手に持ち替えた。全ての皮の覆いを骨組みから引きはがし終えると、同じようにして柱を放り投げる。身を隠していない女や子どもに気づくと、何であれ手にしていた物で打ち、その女（男の子の場合もある）を殺そうとする。彼にはそれをする自由があった。誰もショールトに歯向かったり、そのことで文句を言ったりすることは許されない。最初の小屋を打ち壊すと残りにとりかかり、全ての小屋を破壊する。ただ一つ、長老の呪医（シャーマン）のものを除いて。そしてようやく彼はハイン小屋へ戻っていく。来た時と同じように小さな歩幅で素早く進む。入口から一メートルほどのところまで来ると、出て来た時と同じように腕を弓なりに曲げ、ハイン小屋の中へ飛び込んだ。一方宿営地の方では、「ショールトは去った」と男たちが女たちに知らせていた。女たちは起き上がり、近くの空き地へ歩いていく。ショールトが舞台を通ってハイン小屋へと帰っていくとき、女たちは「ホ・クリーク」(#6)を詠唱する。ショールトの姿が見えなくなるまでその歌は続いた。[62]

▼美しいショールトたち

女たちが各自一つずつもっている「クメユ」詠唱歌を歌うと、それに応えて美しいショールトが舞台に姿を現す。女たちにはその精霊がどの天の者だかすぐに見分けがついた。それと同じ天の女には、自分の詠唱が彼を地の底から誘い出したと「わかっていた」。フェデリコが言うには、あるハインの時に彼の母親が「私は美しいショールトを呼び出したんだよ」と言っていたそうだ。

美しいショールトたちが舞台を練り歩くのを、女たちは楽しんだ。七人の主要なショールトのいずれかが、女たちを喜ばせるためだけに、しばしば姿を見せたが、その同じショールトが宿営地へ送り込まれ、女たちに「嫌がらせ」をするのだ。男たちがこのように対照的な役割をショールトに与えているのは、奇妙に思えるかもしれない。その美しさで女たちを楽しませる一方、怖がらせたり罰したりもする。この一見正反対の役割は、男たちの意図と、女たちがその「メッセージ」をどう受け取ったかの違いで説明がつくかもしれない。女たちは、男たちが見せる美しい姿のショーを楽しみ、喜んだかもしれないが、この同じ精霊が後で「ふざけて」自分たちの小屋を打ち壊したり叩いたりさえすることを承知していた。そうであっても彼女たちはその見世物を楽しむ余裕があった。男たちは、女たちが「関連づける」ことはしないと思っていた。同じショールトが宿営地に入っても、女たちはケープの下に隠れてその姿を見てはならないとされていたので、気づかないと確信していたのだ。だから男たちにとっては、女たちが二人のショールトを同じ精霊とみなすことはありえなかった（後述）。

▼第一の仮説――ショールトは、男たちの「英雄」、「太陽」だ

男たちにとって、ショールトとはハインの複雑な象徴体系を統合したものだったと思われる。女たちは、また違ったようにとらえていたかもしれない。ショールトに実務的な面があったのは確かだが、加えて超越的な存在でもあったと私は考える。ショールトはあの「太陽」の象徴だったのだ。さらに彼の妻サルペンは、「大地の怪物」（私の用語）とみなしてもよかろう。それと対をなすのが空の怪物「月」で、これによって専制的母権制が復活するのを男たちは恐れていた（後述）。万が一女たちが権力を奪い返していたら、夜の象徴「月」が昼の象徴「太陽」を制圧し、父権制社会を一掃したことだろう。「クレン」には、日常語では太陽と昼の両方の意味があった。ショールトはこの二つを象徴するものだと私は考える。不敵な男、ホーウィンの偉大なるシャーマン「太陽」を具現化したものなのだ。思い返してほしい。女によるハインで、女たちの力の秘密を知り、ホーウィンの女ほぼ全員が虐殺されることになる大反乱を率いたのはクレンだった。父権制社会を築いたのも彼ということになる。男たちによれば、それが「考えうる中で一番良い世界」なのだ。[63]

男たちは何としても「秘密」を守ろうとしていた。グシンデがこのことを再三確言していることも想起してほしい。これは一九二三年のことだ。それから四〇年以上経ち、かつてのハイン小屋の残骸と、フェデリコとアンヘラのわずかな思い出以外、何も残ってはいなかった。二人がハインについて私に話していた時のこと（I章）も思い起こしてほしい。アンヘラがちょっと部屋から出たときにフェデリコはこう言ったのだ。「もう全ては終わってしまったが、アンヘラはセルクナムの女なんだから、本当はこういったことを彼女のいる前で話してはならないんだ」。このことからして、自分は「秘密」の守り手だと、男たちが信じて疑わなかったのは確かだ。だが本当に秘

密だったのだろうか？

この重要な問いに答える前に、祭典はいくつかの異なる面をもって行われていたということを示唆しておきたい。一つは明らかに祭典の主役たる男たち自身のためという面、そして女たち向けというもう一つの面だ。私はこれに加えてさらなる面があったとみている。それは「秘密についての仮説」の構築に不可欠なものなのだ。分析して得た第三の面とはこうだ。ショールトは「太陽」を、サルペンは「月」を表しており、男も女もそれがわかっていたのだ。このことは暗示されているだけで直接明かされているわけではない。私の知る限りでは、どの文献資料にも記されてはいないし、物知りだった最後のセルクナムたちもそうは言っていない。ただ文書を調べていくうちに、祭典がI章で引用した二つの神話に基づいているなら、その主だった登場人物の「太陽」と「月」が、何らかの形で表されているに違いないと気づいたのだ。しかし両者とも明らかな形では祭典に現れない。なぜか？　男たちが何としても守ろうとした「秘密」には、精霊が男たちの扮装だということだけでなく、古代母権制が本当に存在した（と男たちは固く信じている）ということも含まれていたからではなかろうか。

つまり、ショールトは祭典に「太陽」がいることを示しており、男たちは「彼」を通じて現状の支配体制を維持し、父権制を守っていこうとしたのだと私は考える。祭典の「花形」であるショールトが「太陽」だったのは（私には）明らかだ。その扮装には太陽を象徴するものはない。しかしながら、前述したように全てのショールトには鳥の羽毛を表す白の斑がつけられ、（クテトゥ・フクロウとなった）ホーウィンのシャーマン、クテトゥを象徴している。ホーウィンのクテトゥは「西天」に属し、それは「太陽」の天だ。ショールトは「太陽」として、祭典に神聖な儀式としての側面を与えていた。「彼」と「月」は単にホーウィンという神話的な過去に関わる者だったわけではない。崇拝されてはいない――祈禱も行われず、生け贄も捧げられない――が、彼らは神なのだ。[64]このことがわかれば、ショールトを演じる役者を手伝う際、テニンニンが話す儀式的語りかけ〔95頁〕も理解できよう。

祭典にはこの儀式としての側面があるので、ハイン小屋は決して祭典以外の目的に使われず、男たちは祭典の最中もその後も仮面の扱いに気を配り、置いておくにもしまうにも注意して安全な乾いた場所を選んだのだ。仮面をしまうのはたいてい木の洞だった。それを取り出して次のハインで使うこともあった。仮面は作るのが難しいわけではなく、以前のものを見つけたとしても塗り直す必要があった。仮面が扮装のためだけのものだったなら、女たちの目につかないようにするためには、燃やすなり粉々にするなりした方が理にかなっている。グシンデは彼らの仮面の扱いに困惑し、長々とこう述べている。

全ての仮面にかくも大いなる敬意が払われるのはなぜかという問いに、セルクナム族は満足のいく答えを与えてはくれなかった。誰もがまるで特別に尊いものであるかのように仮面を扱う。地面に転がしたり倒したりすることは厳しく禁じられている。その形について不躾なことを言ったり、使った後無造作に置きっぱなしにしておくのは、もっと悪いこととされる。一つひとつ「大きな小屋」の内壁にまっすぐ立てかけておく。たいてい一番よく使う者がその仮面を自分の座のすぐ後ろに置いておく。誰かが倒したりしないよう、自ら気を配るのだ。幕が演じられた後は、普通、通過儀礼中の者（クロケテン）が仮面を受け取り、恭《うやうや》しく床に置く。

男たちは、仮面が倒れる（あるいはひっくり返る）と必ずや何か悪いことが起こると固く信じている。特に、倒れてしまった仮面を次に使う男は演技中につまずいたり転んだりする、と信じている。他に起こり得る事故として、（舞台での）事故により大怪我をする、森で突然転んで致命傷を負う、何かを踏んづけるか滑るかして大やけどを負う、などがある。そこで成年候補者たち（クロケテン）は、全ての仮面に常に目を配り、しっかり手入れをして用心深く扱うよう、くり返し注意され訓戒を受けるのだ。[65]

もう一つこの仮説を支える論拠がある。ショールトが七本のかなめの柱の象徴であることだ（ハイン小屋の構想は宇宙の象徴）。このことはまた、精霊ショールトが太陽の天空における動きを示す役割を担っていることの説明にもなる（あの八つの呼び名が証拠）。ショールトがサルペンの夫である理由はもはや明らかだ。彼は「太陽」の象徴、彼女は「月」なのだ（後述）。つまり、ハインとは演劇であると同時に真正の儀式でもあったのだ。ブリッジズのみならずグシンデまでもが茶番だと思っていたが、断じてそうではない(66)。

それは深遠な霊的（超自然的）信念を象徴的に表現したものであり、その意味では宗教的なものだった。一見たいそう実用的で女性嫌悪の表現であるように思われ、また実際そうだったのだが――。ただ、母権制の復活という男たちにとっての混沌状態を避けるには、そうするしかなかった（あるいはそう思えた）のだ。ということは、シは女たちに伏せておかねばならないからだ。男たちは危険な「ゲーム」をしていたのだ。それは女たちが「秘密」に気づく恐れがあるからだけではない。ホーウィンの中心人物である「太陽」と「月」の二人を「生きた」姿で表して見せるという危険を冒していたのだ。おそらく祭典の間、あらゆる動作に気を配ったことだろう。ショールトの役者は「太陽」の意向を表す儀式的なふるまいをどうするか、慎重に考慮しなければならなかった。おそらく相談役や年配の者は、サルペンの演出には特に用心したことだろう。ハイン小屋の中からその声を真似てみせただけでなく、実際に似姿を作ってみせたこともあるが、そういうことは滅多になかった。言い換えれば、この第三の面において、ハインは宗教的儀式であり、扮装による「精霊」を、男たちは「本当の」精霊の化身であるかのように扱ったのだ。このことはテニンニンのショールトに対する語りかけと仮面の扱いからも明白だ。このように霊的存在が憑依したとされる現象はよく知られている。内容は全く異なるが、今日ほぼどこの教会でも似たようなことが見られる。信者はそこで神聖な像をとにもかくにも本物と信じ、崇拝する霊的存在が遣わしたその現身《うつしみ》であるかのように、祈りを捧げ、語りかけさえするのだ。

ここで、仮説を進めることに的を絞り、最も適切で非の打ちどころのない証拠に限って論をまとめておこう。第一に、ハインとは儀式であり真正の式典である（演劇でもあるが）、という仮定にこの説は基づいている。これは先に述べたとおりだ。第二にあげられるのは、ショールトは「太陽」の象徴だという仮定だ。「ショールト＝太陽」ということから、「サルペン＝月」という仮説も導き出される。このことはサルペンの場面の段でまた述べる。この分析の主眼である仮説の結論は、この章の終わりで扱うことにしよう。

祭典はまだ続いている。「舞台の袖で待ち受ける役者たち」がまだまだいる。

❖――2 オルム――命を呼び戻す者

命を呼び戻す者は、愛すべきオルムという小さな生き物で、観衆は滅多にその姿を見ることはない。大変な力を持つシャーマンで、サルペンの犠牲となった者などの傷を癒したり生き返らせたりする（カス・カアルミネ）。犠牲者には傷跡も残らない。

顔中血だらけになった男たちが二、三人で宿営地へやって来て、女たちの不品行がもとでショールトに報復された、と告げることがよくあった。惨たらしいけがの様子が女たちの同情をひく。男たちはハイン小屋で唇や鼻、耳を尖った棒で突っつき、さらにそれらしく見せるためグアナコの血も加えていたのだった。

男たちのこの大仰な芝居のことを、ルーカス・ブリッジズが目に浮かぶような描写で詳しく物語っているが、儀式的な意味合いはないとしている。それは彼がテネネスクやハリミンクとともに、初めてハインに参加した二〇世紀初頭のことのようだ。ハリミンクが大怪我をした男を演じ、それをルーカスは大変面白がった。そこへルーカスがオーリミンクと呼んだ癒し人、小柄なシャーマンのオルムが助けにやって来る。

ハリミンクは見るも哀れな姿でハイン小屋から宿営地へ運ばれて来た。血に塗れ、呻き、喘いでいるさまは今にも息絶えるかと思われた。そっと地面に寝かされると、宿営地にいた男たちが上からのぞきこみ、何が起きたのか尋ねた。その後ろでは女たちが耳をそばだて説明に聞き入っている。ハリミンクは一匹狼の狩人に矢を射られたのだという。矢柄は引き抜いたが、返しのついたフリント〔石器に多用された硬質な岩石〕の矢尻が体の中に残ったままだ。ハリミンクもいよいよ最期だった。女たちが大声で哀悼の詠唱を始める。彼の最も近い親族の女たちは、尖った石やガラスで手足をひっかき血を流した。突然「頭のいい誰かさん」が言い出した。「オーリミンク〔オルム〕を呼び出したらどうだ?」。すぐさま数名の男がハイン小屋へ駆け出すと、場は一気に活気を呈した。間もなく少人数の男の一団が急ぎ足で宿営地へ向かってくる。「一刻を争う事態だ」。その真ん中には名高い「オーリミンク」がいた。その役用の仮面と彩色をした、ひどく小柄な男が演じていた。女たちは後ろへ下がり、シャーマンの呪医たちは誉れ高き同業者に道を開けた。「オーリミンク」は、口は利けなくともわかっていた。倒れ伏しているこの男が危篤だと聞いていた彼は、身ぶりと呻き声で同情を示す。喘ぎ続けるハリミンクを前に、「オーリミンク」は他のシャーマンと何ら変わらぬやり方で治療の準備にかかった。「それから力の限り息を吸い上げると、仮面から苦しみの原因だった矢尻を取り出してみせた」。死の瀬戸際にあった男に生気が甦って来る。「オーリミンク」に支えられ、喜びに沸く仲間たちに囲まれて、彼は弱々しい足どりでハイン小屋へと戻っていった。そしてもう女たちからは見えないとわかると、男たちは今の狂言についてさも可笑しそうに語り合うのだった。(67)

オルムはこの後も幾度か登場することになる。

❖——3 ハイラン——淫らで不快な道化師(68)

一九二三年の七週に及ぶハインの間、ハイランは六度か七度宿営地へやって来たが、それはいつも夜だった。シヨールトの召使なのだが、主人とはまるで対照的だ。この「精霊」は、老人と若者の二人一組で現れることもあった。ハイランは頭巾のようなアスル仮面とショールトを真似た彩色で扮装しているが、そのふるまいは明らかに人間的で、おどけてはいるが不快でもあった。時にはひどく淫らな同性愛の場面を演じ、女に対して粗暴なふるまいもした。儀式小屋から出て来ることはまれで、宿営地にはたいてい森の中から直接現れる。「本物の」精霊たちと同じく口は利かないが、他の多くの精霊と違って左利きだ。この感じの悪い馬鹿げた「精霊」を、女たちは面白がりあるいは嫌悪して、怒鳴り野次る。グシンデはハイランの写真は撮っていない。

サレジオ会の文献ではアイイランと書かれているが、そこにも左利きだとある。姿を現した彼にどこから来たか尋ねると、左手でその方向を指した。女たちの住まい（ショールトが壊した後の残骸）を荒らすと、クロケテンたちへの恨みを晴らすべくまっすぐハイン小屋へと向かう。そしてグアナコのケープのたった一撃で一人ひとり「殺す」のだ。終わると燃えている木切れを（松明として）つかみ、ハイン小屋を出ると（舞台へ向かい）恨みを晴らした喜びから嬉し気に飛び跳ねる。そうしてハイン小屋へ戻り、地下世界の住まいへ帰っていく。(69)

一九二三年の時、クロケテンは「ハイランの息子たち」だとされていて、彼らのために働くことになっていた。ショールトはサルペンの情欲を満たすため、時どき一人ないし数人のクロケテンを地下の住処へと連れ去る。ハイランは彼らをハイン小屋へ連れ帰る役だった。だがハイランに見捨てられ、帰ってこられなくなる危険が常にあった。

このショールトの召使たちは、狩りに出たクロケテンの監視もした。だがしばしば受けもった相手を見失って彷徨い、一人がもう一人を背負って宿営地の付近まで戻ってくるのだが、そのさまは泥まみれで惨めなものだった。一九二三年時のハインでは、背負った者がつまずいたり滑ったりしたあげく、二人してひっくり返った。そしてもう全く疲れ果てたといった様子で、並んでゴロゴロのたうつのだった。柄の曲がった杖に身をもたせると、二人は

クロケテンを逃してしまったことへの不満を表す。クロケテンの母親たちと同じく、サルペンもまたハイランの怠慢に腹を立てていた。母たちは宿営地の端に集まり、「ホ・クリーク」(#6)を歌う。これはショールトの歌の替え歌で、ハイランたちを一層憤激させていた。だが母たちは続けてこう歌った。

あんた、怒っているのかい？　アイメレ、ホピン？
彼ら（クロケテン）をどこに置いてきた？　キシュマ　タイシュトゥル？
性根の悪い連中だね　トゥル　ヒッペン。(70)

ハイランたちの癇癪を破裂させるにはこれで十分だった。拳固で女たちを脅しつつ、クロケテンたちを捕まえた暁には折檻してやると、身ぶりで示す。そしてとぼとぼと森へと帰って行った。ほどなくして一人のハイランがクロケテンの背に馬乗りになって、ハイン小屋へ向かった。間もなくドスンドスンという音が儀式小屋から聞こえてきた。ハイランが自分が受けもったクロケテンを打ちのめしているのだ。すかさず母親たちはもう一度「ホ・クリーク」を歌い、息子たちに慈悲を垂れるよう哀願するのだった。

別の日のこと、年老いて背の曲がったハイランがよたよたとやって来た。そして激しく尻もちをつくと、もがいてなんとか立ち上がった。突然彼は柄の曲がった杖で雪をかき始める。しばらくすると屈みこみ、今度は爪を使って一層猛烈な調子で雪をかいた。まるで何か失くした物を見つけ出そうとしているかのようだ。結局うまくいかず、心底がっかりしてその場に倒れこむ。クロケテンの母親の一人が呼びかけた。

惨めな爺さん、クロケテンの小屋（ハイン）へすぐお帰り。

あんたにはみんな大笑いさ。そんなにみっともないんだからね。
いったいなんで皆を困らせに来るのかい？
変な人だね。あんたの息子（クロケテン）はどこにいるの？
あんたはあたしたちの子どもをひどくこき使うね！
なんであたしの息子を苦しめるんだい？(71)

するとハイランはなんとか立ち上がろうと、杖に身をもたせて踏ん張った。そしてすぐさま女たちと競走したいと、身ぶりで示した。これは大笑いにあい、落胆した彼は再び雪の中へがっくり倒れこんだ。突然、若いハイランが現れた。自信と精気に満ちている。彼は背の曲がった年寄りのハイランを押して立たせようとし、なんとかうまくいった。だがそうしておいて、彼は（年寄りのハイランに）猛烈な勢いで襲いかかり、拳固で背中を叩いた。やられた側も激怒し、杖で打って反撃する。続いて取っ組み合いとなった。つかみあってよろめき、もつれあって倒れこむと、互いの頭（仮面）を引き寄せ合う。思いもかけないことに、二人は親愛の情を示し、互いの腕の中で恍惚となった。観衆——女と子どもたち——は腹を抱えて笑い、かつ罵る。

お前もその悪者の連れも行っちまいな！　もう面倒はよしとくれ！
ここでそんな様をさらして恥ずかしくないのかい？
この薄汚いろくでなし！(72)

この精霊の好色さと「性への渇望」は時に筆舌に尽くしがたい、とグシンデは書いている。両脚を広げ、荒々しく腰を突き立てる。女たちは憤慨し喚いている。騒ぎも最高潮となった頃、年寄りが降参し、人形のようにだらりとなって為されるがままになる。若い方は相手にせず、彼を筒のように地面の上を転がして臀部を蹴り、頭を叩いた。そして背負って運び去ったが、その間も尻を両拳で叩いていた。

別の場面では年寄りのハイランが若い方を頭に載せて運んでいた。若いのがバランスを取ろうとすると、彼の性器が年寄りの目にかぶさってくる。視界を塞がれた運び手は一歩毎によろめいた。それでもエログロな踊りを止めようとしない。しかし結局は連れを地面に横たえた。連れは力なく動かずにいたが、やがてグシンデが「不潔」と呼んだ芝居を始めた。若いハイランは跳ね起きると年寄りを蹴った。年寄りは衝撃でぐるぐる回って地面に伸びた。若い方はそれをもう一度引っ張り起こし、そこいらを引きずり回した。最後に年寄りが屈み、しゃがんだ。そして二人でアナルセックスの真似をしてみせたのだ。女たちは嫌悪もあらわに怒鳴った。


とっとと失せな、お前もその小汚い連れも……！

何て嫌な爺だ、あたしたちみんなの前でそんな真似してよくも恥ずかしくないね？　もう一人のお前、爺さんを放しておやり……

年寄りにつけ込んでこんなひどいことをしたりして、なんて汚らわしい！

何て嫌な奴だろう！(73)

こうした非難に対し、年寄りのハイランはゆっくり立ち上がると両腕を振り、ハイン小屋に向かってうなずいてみせる。突然、腰の曲がったよぼよぼの三人目のハイランの登場となる。この弱々しい者に対し、先の二人はグシンデに言わせると「卑劣以外の何物でもない行為」をする。新参者は足を引きずってやって来るや否や、二人に蹴られ、ぶざまに卒倒した。すぐさま二人はその上でとんぼ返りをしたり、彼をボールのように扱った。女たちは大いに面白がった。なおも三人が互いにふざけ合っていると、女たちは一層怒鳴ってなじる。ついに三人は女たちを脅す仕草をしつつ、押し合いへし合いしながらそろってハイン小屋の向こう側へ回って中へ入った。ロラが言うには、彼女の時代にはハイランたちが毎日宿営地で女たちを煩わせたそうだ。

ハイランは無秩序をもたらす者だ。これを演じる男たちは正体がばれないように気をつけ、女たちを襲うのは決まって夜だった。時には寝静まっている宿営地へ一人で突進し、棒で小屋を打ったり、壁越しに女たちを杖で小突いたりした。さらには中に駆け込み、火の周りに座っている女たちを蹴ったり殴ったりすることもあった。彼が小屋の壁を手探りして入り口を探している時、女たちには性的興奮状態にあるかのような喘ぎが聞こえてきた。その場面に夫か親族の男がいた場合、彼はハイランが入って来ないよう入口を塞いだ、とグシンデは言っている。一度阻まれると「精霊」は飛び跳ねながら他の小屋へと向かった。結局あきらめて不機嫌な様子で暗い森へ戻って行くハイランをグシンデは目撃している。この場面は大変意味深長だ。男たちが襲う者である一方で、女たちの保護者になりすましているさまをよく示しているからだ。

ハイランは一時の滑稽なお慰みではあったが、決して女の味方ではない。ひょうきんで淫らで馬鹿げている一方で、女の世界を台無しにし、女を打つおぞましき強姦魔なのだ[74]。

❖——4 ハシェとワクス——騒動を起こす者[75]

この二人組は男とその妻で、サルペンの使者であるにもかかわらずおどけ者だ。ゆっくりゆっくりと舞台を横切る。時には膝をついて躄《いざ》り、あるいは二〇歩進んではしゃがんで一休みする。その間ずっと詠唱し、小屋に近づくにつれその声は大きくなる。フェデリコが言うには、この二人は見た目も声も酔っぱらっているみたいだったそうだ。

夫のハシェ、そして妻のワクス（もちろんこれも男が演じた）の夜の来訪は頻繁にあった。二人は恐るべきサルペンの密偵ということだったろうが、実際には男たちが肉やアケル塗料用のオーカーを切らしたとき、テネスクが送り込んでいたものだ。彼らは精霊ではないので、喋ったり歌ったりした。仮面はつけていないが、顔は炭で黒くするか黒の横縞を引くかしている。髪は逆立ち、小枝と葉で作った冠を載せていた。そして通例とは逆に、毛を内側にしてグアナコのケープをまとう。ハシェは杖を持っていた。

この二人組がハイン小屋から出かけようとするとき、男たちは「フ・ク・フウ」(#7)を歌うが、これはハシェの別名だ。この場面は元々はハウシュ族のものだったので、二人はハウシュ語で話す。たとえば、「ハリ・シャニ・クアイ・ペ・ネメ（赤い塗料をくれ、女たち）」などと唱えるのだった。

ひとたび宿営地に着くや、二人は立ち上がりそこらを跳ね回る。そして一軒一軒小屋に入っては女たちを叩く仕草をする。特にハシェは杖で打つ真似をする。ワクスはさほど乱暴ではなく、もっとひょうきんだ。「彼女」は炉火に突っかかっていき、危うくその中へ倒れ込みそうになる。二人は小屋に火をつけるふりをし、女たちと子どもたちの笑いが渦巻く中、寝床に身を投げ出す。だがその間ずっと口には出さず身ぶりで貢物を要求し続ける。小屋で何ももらえないと、ハシェは肉かオーカーを一切れ盗み、彼とその妻をからかう女たちに向かって灰を投げつける。一人の女がハシェに肉を一切れ差し出した。しかし彼がひったくろうとするとさっと引っ込めてしまう。別の女はハシェの陰茎に肉とオーカーを食べさせる真似をした。女たちはワクスにオーカーを投げてやる。ワクスはおとなしく左手でそれを拾うとケープの下に仕舞った。ハシェはまた、熱い肉塊や燃えている炭を飲み込むといった手品もしてみせる。そして肉とオーカーの貢物を受け取ると、それを運ぶのは女であるワクスの役目だった。

二人とも大食漢（チテレ）で、もらった肉はあらかた食べてしまい、サルペンに持って帰るのはその残りだけだった。こうした大騒ぎが終わると、ハシェは杖を手に、ワクスはサルペンへの貢物を持ち、厳粛に歩み去って行くのだった。

❖——5 ワアシュ・ヘウワン——目に見えぬ狐

ヘウワン（精霊タヌと関連がある。後述）の狐（ワアシュ）はメスで、サルペンのお伴だ。二匹から数匹でいることが多い。決して姿は見えず、吠え声と哀れっぽく鳴く声でそれとわかるにすぎない。それはサルペンがハインに現れるとき、男たちがたてる声だ。狐たちは荒ぶる女主人を鎮めると言われている。その象徴する意味は明らかではないが、動物の世界で狐が特別な生態的地位を占めているのは確かだ。(76)

❖——6 サルペン(77)

サルペンはハインで創出された者の中でも最も不気味な存在で、〔ショールトと並ぶ〕祭典のもう一方の中心人物だ。ハラハチェス（後述）を除くあらゆる地の精霊は彼女の傘下にある。天の精霊たちとは無関係のようだ。彼女はショールトの妻だが、全ての男、中でもクロケテンは彼女の夫もしくは愛人とみなされる。女たちに対して特別な嫌悪感を抱いており、フェデリコによると、その理由は女たちが彼女の義理の母にあたるからだそうだ。大食漢（チテレ）である上、グアナコの肉が十分にないと、クロケテンでも年輩者でもハイン小屋にいる男たちを貪り食ってしまう。また女や子どもがハイン小屋に近づきすぎると同じ目に遭いかねない。だが夫のショールトを襲うという話は全くない。彼女はむら気で怒りっぽく、誰ともつき合わない。逆説的だが、この恐ろしいサルペンが、この上なく可愛らしい赤ん坊の精霊クテルネンの母親で、その父親はクロケテンの一人だ（写真36と37）。

彼女が舞台に姿を現すことは滅多になく、祭典を通じて一度も現れないこともあった。一九二三年のハインでは、

35▶ハシェ、「騒動を起こす者」のうちの夫役。
1923年、マルティン・グシンデ撮影。

三一日目に一度だけその姿を見せた。人形《ひとがた》で表される精霊は彼女だけだ。それも長い爪を除けば、人の姿とは似ても似つかない。長いセルクナムの弓を数本、グアナコの神経線維でしっかりと結わえて骨組みとし、丈は約六メートル、直径八〇センチほどあった。これに大小の枝や葉、草を部分部分に詰め込み、半分はグアナコの皮で覆う。ブリッジズの見たサルペンは、舞台で裸のシャーマンが動かしていた。人形の中に入った男はよろめきつつゆっくりと進み、被り物の大変な重さのせいでしばしば立ち止まりながらも、なんとか遠くから女たちをにらむ位置まで行った。ロラは小屋ほどもある大きいサルペンを見たという。長く垂れ下がった鼻があり、中では三人の男が動かしていたそうだ。

人形の表面（グアナコの皮）は、チョークで白一色に塗るか赤いアケル粘土で塗り、その上を長い白の縞で飾りたてるなどしていた。手足はついていないので、犠牲者の内臓をえぐり出すのに使うという長く鋭い人差し指の爪とわかるものはなかった。グシンデは、その人形がクジラに似ていると書いている。おそらくそうだったかもしれないが、クジラの象徴だったわけではない。ブリッジズは、知らない者が見れば魚、それも大魚を連想するだろうと思った。だがサルペンと水棲動物との関連を示す証拠はひとつもない。舞台で見せるのはその上半身で、それは岩でできている（下半身は生身）というのが「実体」なので、ゴツゴツした姿をしているのかもしれない。男（または男たち）が運び出した人形がハイン小屋をゆっくりと回って舞台へと向かう中、不安げに待っている女たちに許されているのは、その上半身を一瞥することだけだった。

グシンデは、サルペンは七人いると教えられ（あるいはそう憶測して）いた（七人の描写はしていないが）。シヨールトが七人いてそれぞれサルペンと「結婚している」からだ。しかしアンヘラよれば、サルペンは四人だけで、四つの天と柱を表しているということだ。いずれにせよ一九二三年に現れたのは一人だけで、その出自は彼女の夫と同じく「南天」だった。(78)

一九二三年のハインでサルペンが舞台に現れたのは一度きりだったが、地下の住処から焚火をくぐってハイン小屋の中に現れたことは八度あった。荒れ狂い、食べ物を要求し、言うことを聞かぬと切り裂くぞと脅して、男たちと姦淫にふけるのだった（そう信じるよう、女たちは仕向けられていた）。

サルペンのすこぶる劇的な場面をたゆまずくり返すことで、長期に及ぶこの祭典での緊張感を維持したのだ。サルペンが空腹のあまり乱心すると、おそらくテネスクだったろうが、上唇を通って耳から耳まで黒い線を引いたシャーマンが毛皮のケープを毛を内側にして着て、数名の年輩者を伴って宿営地へ行き、サルペンへの肉を要求するのだった。彼らが出発すると、宿営地の女たちは各々の天を示す位置につき、サルペンを褒め称えて歌ったとアンヘラが言っていた。

サルペンが地下世界から立ち現れるときは、赤と白の縞で塗った大きな皮の袋を持って来る。この袋に食べ物を詰めて「家」に持ち帰り、ご馳走を味わうのだ。ハイン小屋の中から男たちが「ワ」と叫ぶ声がして、女たちは彼女の出現をすぐに知る。彼女が空腹の場合——いつもそうなのだが——彼女の袋がハイン小屋から舞台へと投げ出される。すぐさま女たちはキノコやベリー、魚など、あらゆる食べ物が詰まった籠をいくつも持ってハイン小屋へと走る。サルペンは食べられるものなら何でもよいのだ。女たちははしゃいで「ハ？ハ？ハ？」(#8)を唱えながら舞台の中央まで走って来る。そこがハイン小屋まで近づく限界だった。時には籠を持ったまま我勝ちに先を争った。籠を下ろして宿営地へ戻る時、おそらく彼女たちは怪物に食べ物をやったことで満足していたことだろう。袋の中に食べ物がある間は、サルペンはたいていの場合しばらくはおとなしくしているからだ。

▼サルペンの扇情的な場面

大量の食べ物、特にグアナコの肉が与えられなかった時や、クロケテンの母親たちの歌が短かったり声が小さかったりした時、また男たちが性交に応じなかった時、サルペンはハインの相談役とシャーマンを除くあらゆる男を貪り食ってしまいかねない。フェデリコが強調するには、「死と誕生」の場面では、サルペンがいつ何時男たちを切り裂いてしまうかわかったものではなかったという。ただクロケテンは別で、彼らの番はもっと後になってからなのだそうだ。長い爪で男の内臓をえぐり出している間、犠牲者のあげる身の毛もよだつような「ワ」と叫ぶ悲鳴が宿営地まで聞こえてくる。女たちはその声から犠牲者が誰かを知り、「サルペンが〔誰々を〕殺した」と嘆くのだった。そしてそれぞれの「クメユ」詠唱歌（#26〜34）を歌い、サルペンの憤激を鎮めようとする。しばらくして穏やかな手拍子と詠唱（#23）が聞こえてくるや否や、女たちは狂喜する。それは小さなシャーマン、命の復元者オルムの到着を知らせるものだった。

　サルペンが夜に到来する時は性に飢えているからで、男たちの怯えに満ちた「ワ」と叫ぶ悲鳴でそれと知れる。おそらくその悲鳴で女たちは目を覚まし、それが「ワ」の叫びだとわかると「ホシュル・クリチ・チョウチャ、（ムラサキガイのおでこ）」の歌（#9）を唱える。これはサルペンの上半身をあてこするものだ。[79] この言葉を聞くや否や、サルペンは一層激怒――アイメル・レ（あるいはアイメラン）――し、あたかも地震が起きたかのようにハイン小屋が揺れ始める（中にいる男たちが建物を前後に押している）。揺らぐ小屋からサルペンのくぐもった怒声が吐き出される（男たちが巻いたグアナコの皮で床をドシドシ叩いている）。小屋の天辺から炎が上がり、ハイン小屋全体が火に包まれているように見える（男たちが長い竿に火をつけ、小屋の先端から突き出している）。この大混乱のさなか、突然裸の男が四、五人、燃える松明を振り回しながら逃げるかのように舞台へ駆け出した。すると別の男がサルペンの情欲の犠牲になった者を背負って出て来た。犠牲者は膝を抱え、失神しているかのように頭が上下に揺れている。さらにまた四、五人の男たちが逃げてきて、後からサルペンの情欲のさらなる犠牲者が蹲《つくば》った姿勢で運ばれて来た。男たちはみな大きな輪になって祭典小屋の周りを全力で回る。ハイン小屋の中から聞こえてくる、性的に興奮したサルペンの絶叫とその犠牲となった男たちの哀れな悲鳴は、耐えがたいほどになる。すると焚火（舞台の中央でずっと燃やされていた）も一層おどろおどろしく燃え立つのだった。

女たちは「ムラサキガイのおでこ」を歌い続け、ぎりぎりまでハイン小屋に近づくと、男たちを憐れむよう、少なくともまだ若いクロケテンたちだけは容赦してくれるようにサルペンに懇願した。舞台で慌てふためき走り回る裸の男たちを焚火が照らし、ぼんやり浮かび上がる雪の上に長い影を落とす。

お終いに犠牲者と運び手がハイン小屋へと戻り、別の男が五人、ゆっくりと出てきた。裸で、腕をだらりと垂れ、女たちの方を向いて半円形に並んだ。真ん中の男は足を大きく広げ、痛々しい足どりだ。動物の内臓で作った袋を膨らませ、陰茎に吊るしている。それは膝下にまで達していた。彼は女たちによく見える位置まで来ると、ものすごい痛みがあるかのように大声で悲鳴を上げた。女たちはサルペンが誰かの夫にあたえた凄まじい傷を目の当たりにした。陰嚢が腫れ上がり、動くのもままならない。女たちは男たちを待つ恐ろしい運命を嘆いて泣き叫んだ。男たちはやっとのことでハイン小屋へ戻って行った。「こうした残虐な行為によって、彼女〔サルペン〕は自分が皆から憎まれるよう仕向けているのだ」とグシンデは述べている。

この場面は、最後に男たちが体を引きずるようにして宿営地へ向かう、という形で終わることもあった。サルペンのために疲れ果てて精も根も尽きた、と思わせるような様子をし、中には血（自分でつけた傷による）を顔に塗りつけた者もいた。すると女たちが取り囲み、優しく気遣ってくれるのだ。あるいはまた、ハラハチェス（コタイクス）という角の生えた男の精霊が出現して終わりとなることもあった。この精霊はサルペンを地の底へ追い返すのだ（後述）。ついにサルペンが出ていくと、お伴のワアシュ・ヘウワン（ヘウワンの狐）たちが荒ぶる女主人を鎮めようと、吠えたり鳴いたりするのが聞こえてくる。

サルペンが常ならぬ憤激で荒れ狂うと、女たちは最年長のクロケテンの母親（一九二二三年の時はアクキオル）にくってかかることがままあった。そして彼女を責め、がなり立てるのだ。

どうしてちゃんとしないの？　サルペンがみんな滅茶苦茶にして、あたしたちの男を苦しめているのをどうして放っておくの？　怠け者でだらしない女ね！　サルペンが怒って男たちに当たり散らすのはあんたのせいよ！　クロケテンたちはどんなに辛いことでしょう！　あんたはいつになったらその態度を変えるの？　早くしなきゃだめよ、あの女をおとなしくさせなきゃ！(80)

▼サルペンの死と出産の場面(81)

出産の場面も死の場面と同じく夜、中央の巨大な篝火が照らす中で行われる。サルペンが飽くことを知らぬ性欲でクロケテンたちと情交を重ねたからには、遅かれ早かれ妊娠することになる。出産の痛みから彼女は手に負えない状態となり、苦しみが最高潮に達すると、彼女はハイン小屋の外へ弓を投げ出す。これは不吉なしるしだった。産みの苦しみで荒れ狂い、そのはけ口として誰かを殺そうとしているという意味なのだ。ハイン小屋はこれまでにない激しさで振動し、怖気をふるう「ワ」と叫ぶ声が壁を揺るがせて轟き、屋根からは火の手が上がる。今やサルペンがその長く鋭い爪で一人ずつクロケテンの内臓をえぐり出しているのだ。断末魔の恐ろしい「ワ」と呻く声が聞こえてくると、女たちは赤ん坊の父親を殺めている人殺し女を鎮められないかと空しい希望を抱き、「ヨ・テ・ホ・リ・ホ・ホ・リ」(#21)を詠唱する。突然、全てが静まり返った。赤ん坊が生まれ、サルペンがその子を連れて地下世界へ戻って行ったのだと、女たちにはそれでわかった。

男たちもまた、クロケテンたちのことを思って悲嘆に暮れていた。女たちは舞台の際《きわ》に集まっている。少しすると二人の年配者が、血に塗れたクロケテンの「死体」を運んで来た。一人が頭を、もう一人が足を持っている。頭は横にガクリと垂れ、目は閉じていて耳と口からは血が流れ、また首から性器まで達する、臓器をえぐられた傷口からも血が溢れ出ているようだった。男たちの行列は静かにゆっくりと舞台を進み、またハイン小屋へ戻って行った。やがてまた別の年配者が二人、別の「死体」を運んで出てきた。「死んだ」クロケテンたちを見せられる間、女たちは許される範囲ぎりぎりまで近づき、哀悼歌、「ハイン・コイン・ホロショ」（#22）を歌った。

最も年嵩な女たちが歩み出て、「死体」が息を吹き返すようケープを振る。これより数年前のハインでクロケテンだったフェデリコはこう言っていた。「女たちがあまりに泣くんで、本当に可哀想だったよ。息子たちが本当に死んだと思っていたんだ」。

オルムが命を与える役目を果たすと、シャーマンの一人が女たちに向かって大声で叫んだ。「彼は去ってゆく、（カウ・ジョエウェ）。今や彼（クロケテン）は元に戻った（カウ・パウメ）[82]」。

ロラ、アンヘラ、フェデリコはともに、この場面でサルペンが殺したのはクロケテンだけだったと言っていた。サレジオ会の文書にもそう記されている。だがグシンデによると「彼女（サルペン）の子どもが生まれるには、全ての男が殺されなければならない」という[83]。一九二三年にはクロケテンの「死体」を見せることはしなかった。グシンデに配慮して、あるいはそのような場面が他の白人に伝わって、好奇な目で見られたり批判されたりするのをインディオたちは心配したのだろうか。セルクナム族だけで行った一九三三年のハインでは、この〔死体を見せる〕場面を演じた。だが一九二三年には、サルペンが出産して儀式小屋の男全員を虐殺したとされた後、男たちはそっと抜け出すと一、二昼夜を森で過ごした。そこで狩りをし、また格闘試合や徒競走などをして楽しんだりしていたのだった。

さほど詳しくはないがサレジオ会の文書では、この場面は少しだけ異なる脚色となっている。「アルペン〔サルペン〕」に（ハイン小屋の中で）殺された者は「オレム」（オルム）によって甦る。そしてハイン小屋から出て来るが、うつむきよろめいて、とても弱っているふりをする。鼻をつねって出した血を羊毛で拭って両肩に擦りつけておいたので、深い傷を負ったかのような印象を与える。それから「死んだ」クロケテンの頭を一人が、足をもう一人が持ち、二人がかりで運んでくる。クロケテンは耳とあご、そして脇腹（おそらく観衆に見える側）が血塗られている。サルペンがその非常に長い爪で耳から腹まで引き裂いて内臓をえぐり出したからだ。ときには心臓と肝臓が引きちぎられていることもあった。それはグアナコの内蔵で、その血まみれの様子が効果を上げていた。男たちがクロケテンを担いでハイン小屋の周りを回ると、最も年嵩な女たちが「死体」を扇いで息を吹き返させようとする。これ（この場面）が終わると、女たちは宿営地へと戻り、残された男たちはグアナコの炙り肉で食事ということとなる。(84)

サレジオ会の報告では、クロケテンやその他のサルペンの犠牲者たちは、オルムあるいはオレム（オリムとも書かれている）たちによって甦るが、それ〔オルム〕は三歳児くらいの大勢の小悪魔たちとして描かれている。女たちが彼らを見ることはないが、それは単にそんな小さなものを演じられる男がいないからだ。だがルーカス・ブリッジズが参加したハインでは、女たちは確かにオルムを目にしている(85)（前述）。

五〇日に及んだ一九二三年のハインでは、（大人の男たちの）死の場面と（クテルネンの）誕生の場面は二度ずつ演じられた。死の場面は六月六日と二二日、誕生の場面は六月八日と二五日だった。ハインが単なる儀式だったなら、論理的にはこうした場面は一度行えばよいはずだ。儀礼ならばこれをくり返す必然性や道理はないのではなかろうか。だが見世物、演劇としてならば、すこぶる劇的な内容であり、そのために再演されるのだ。そう考えれば女たちの反応も理解できる。男たちがサルペンに二度殺され、「赤ん坊」が二度生まれたと、女たちは「信じた」のだ。彼女たちは単に儀式を見守っていたのではなく、劇に参加していたのだ。女たちは男たちの秘密に気づいていないとされているが、その実情を理解する上で、祭典がもつ演劇としての影響力（儀式としても同様だが）は、きわめて重大だ。

▼第二の仮説——古代母権制の長、「月」の象徴としてのサルペン

秘密に関する問題を考察する前に、サルペンの「本当の」正体を立証するさらなる証拠を挙げておきたい。手短に仮説を述べておこう。サルペンは古《いにしえ》の母権制の長、「月」、クレーの象徴だ。打ち負かされたとはいえ、いまだに夜になるとその力を見せつけ、征圧されてもなお不屈の存在だ。ホーウィン（神話上の祖先）の中でサルペンに匹敵するのは「月」だけだ。サルペンとショールトが父権制ハインの主要人物であるのとまさに同じように、母権制のハインでは「月」とその夫である「太陽」が主要人物だ。他にも証拠には事欠かない。サルペンをなだめるために女たちが歌う歌の詞《ことば》は、月蝕の時に「月」を和ませるために歌う詞とほぼ同じなのだ。サルペン同様、「月」にも住処はあるが、それは天界だ。彼女はそこで、月蝕の間に訪れるシャーマンたちの魂を受け入れる。サルペンも「月」も、それぞれの「住まい」に四本の主要な柱がある。ただ「月」の住処は正方形ないし長方形で、柱は横たえてある。また前述の場面と同様、「月」も蝕の時には男たちを殺して貪り食うぞと脅す。(86) さらに特に重要なのは。二人とも母親だということだ。サルペンがなんとも愛くるしいクテルネンの母親で、「月」は勇敢な娘タムタムの母だ（I章、最初の神話）。男の視点からみれば、サルペンの場面は「月」を鎮める方策と映ったかもしれない。彼女は「太陽」から逃れ、全ての男に屈辱的敗北に対する復讐を果たしてやると、いまだに脅していたのだ。こう考えれば、サルペンの憤激も、ハイン小屋で荒れ狂う彼女を懐柔しなければならない理由も説明がつく。

だがショールトとその妻サルペンは、なぜ地下世界の者なのか。「天上界」の反対を象徴するからというだけではあまりに表層的だろう。この問題は今後の分析に託したい。

❖ 7 クテルネン――サルペンの赤ん坊[87]

グシンデの原文ではWunderkind（神童）と記されていた「幼児」クテルネンは、女たちにとって大きな喜びだった。一九二三年の時は男の子で、アスルとトロンを組み合わせたような長い皮の仮面をしていた。仮面の天辺から膝まで、赤のアケルが塗られている。その上から細い白い線と、赤茶色の粘土の太い線か縞が描いてある。塗料には両方ともグアナコの脂肪が混ぜられていた。肘から先と膝下は同じ白の塗料で塗ってある。線と細い縞は、鉛筆ほどの棒を使って三センチ間隔で交互に描いていく。それとは別に白で太い縞が一本、仮面の天辺から性器まで引かれる。三センチ間隔で、鳥の綿毛や綿羽で手足を含め体の前面を覆う。一九二三年の時は、ハイタカやフクロウから取ったものだった。綿毛は唾液で指を濡らしてから白と赤茶色の塗料に貼りつけていく。塗料にはグアナコの脂肪（または肝油）が混ぜてあるので、粘着力があった。こうして赤ん坊を飾りたてるのに、一九二三年のときには三人がかりで二時間以上かかったというのも何ら意外ではない[88]。

フェデリコが言うには、赤茶色の縞はコオリ（アシカ）を表しているとのことだ。コオリは「北天」の神話上の祖先で、アシカに変身する前、最初の男のハインでこの役を演じたという。フェデリコは、複数の色の縞が色鮮やかな小型のカモ（あるいはオウゴンヒワ）、コオクロルのようだと思ったそうだ。コオクロルは「南天」のホーウインの一人〔女性〕で、「太陽」に仲間といっしょにいるところを見つかったとき、この役の練習をしていた。彼女は近くの沼に飛び込むと永遠にこの鮮やかな鳥となり、沼の岸辺で営巣するのだ。この精霊の彩色が最初に男性版ハインの男を連想させ、次には母権制ハインの女性を思わせたことに注目してほしい。

柔らかな白の綿毛越しに見える明るい塗料の色は明滅しているかのようで、赤ん坊を一層不可思議な存在に思わせる効果を上げていた。エステバンによると、クテルネンは後ろ側を飾りつけていないので、観衆に対して常に顔

36▶クテルネンと、同伴したテネネスク。テネネスクはこの行事のために、毛を内側にしてケープをまとっている。1923年、マルティン・グシンデ撮影。

を向けているよう、大いに気をつかったという。赤ん坊は体を硬くして両腕を脇にぴったりくっつけていた。岩でできているので息はせず、ただかすかに前後に揺れながらまっすぐ前を見ていた。ロラが教えてくれたのだが、（岩でできているにもかかわらず）その新生児は成長がとても速いのだという。ほとんど歩けないので補助が必要だったそうだ。一九二三年の時、補助は二人の重鎮が担った。うち一人はテネネスクだった。二人の男は顔に白い点を三つ――鼻の上部と両頬に一つずつ――つけ、耳の高さのところに太い赤の縞を引いて顔を飾りたてていた。頭にはポオルというひときわ見事な羽飾りをつけ、いつものケープは毛を内側にしてまとっていた。

サルペンの赤ん坊クテルネンに扮したのは、ほっそりしたクロケテンだった。度々引用してきたサレジオ会文書には、テルネン（クテルネン）は女の子の赤ん坊と記されている。その時の男たちの中で一番小さく最も女に似ている者がこの精霊役を担ったのだと。赤ん坊の性別はどちらでもよかった。女の子の場合は、「役者」は性器を股

37▶クテルネン、サルペンの「赤ん坊」。1923年、マルティン・グシンデ撮影。

の間に挟み、グアナコの神経繊維かアキレス腱で作った紐で縛りつけた。エステバンによれば、この役を演じるのはとても難しく、ハウウィットピンつまり「理想的な体型」の若者の中から演者を選んだそうだ。フェデリコもこれに同意し、役者は立った時両足の間に隙間ができないようなまっすぐな体型で、かつ乳首が目立たないよう胸が平らでなければならない、とつけ加えた。

二〇世紀初頭の「ゼノーネのハイン」の時は、サルペンがクロケテンを全員虐殺した次の日、クロケテンと男たちはハイン小屋を離れ、グアナコと鳥を狩りに出かけた。クロケテンたちを父親とする赤ん坊が生まれたのはその翌日のことだった。ハイン小屋に戻っていた男たちは手を叩いてこの偉大な出来事を告げた。女たちはハイン小屋へ近づいてきて手のひらを上に向け両腕を差し出し、最も年嵩の女たちは赤ん坊を呼び出す歌を歌う。赤ん坊はハイン小屋から出て来ると、女たちの二メートル先まで来た。彼女（女の赤ん坊）が息をしているのが聞こえないように、それ以上は近寄らせない。一九二三年と同じで、その時も二人の「呪医」（シャーマン）が終始詠唱しながら連れ添っていた。一人は赤ん坊の手を取り、もう一人はうなじに手を添えて支えていた。

一九二三年の時は、クテルネンが現れる場面は二度あった。一度目はクロケテンたちが命を取り戻した後で、場面は四時間続き、赤ん坊はその間六、七回現れた。その三度目と四度目の登場の合間に、男たちが突然「サス・サス・サス」と唱えだした。高い声で一節ごとに区切りが入る。これはオルムがハイン小屋に戻って来たということだ。クテルネンが生まれた嬉しさのあまり、オルムは男たちを次から次へとハイン小屋から放り出し始めた。男が一人ひとり小屋の横からとんぼを切って飛び出して、ぐったりと横たわる。終いには、舞台の上にもつれあった動かぬ体の山ができあがった。女たちはこう評した。「オルムってすごく強いのね！　すごい力のソン（ソオン、シャーマン）なのね」。

その後まもなくしてシャーマンの一人が女たちに告げた。「間もなく美しいものが見られるぞ。用意はいいか！」。

すぐさま女たちはその場面の準備に取りかかり、小さな白い点線を顔に塗り、下瞼から頬にかけて放射状に何本か引いていく。ハイン小屋から穏やかな手拍子が聞こえ、クテルネンが大地から出て来ると知ると、彼女たちは赤ん坊を歓迎する歌「ヘイ・カ・ラク」(#24)を歌いだす。「サルペンの生命の贈りもの」を賛美し祝うため、ハイン小屋から赤ん坊を引き出そうと、歌いながら曲げていた腕を伸ばす。ロラはよくクテルネンの歩き方の真似をしてみせた。「ヘイ・カ・ラク」を歌いながら、肩を前後に揺らしてゆっくりと横に動くのだ。

赤ん坊(一九二三年の時は男の子)がハイン小屋から出てきた。[89] とても小さな歩幅で、両側を支えている年輩者は、右足で踏ん張って彼をそっと横から押しやる。赤ん坊はわずかに左足を一歩踏み出し、もう片方はさらに小幅で、それを左足の踵まで引き寄せた。その間両腿はぴたりと閉じたままだった。三人組は観客の方を向いたまま、ゆっくりゆっくりゆっくり舞台を進んで来る。観衆の中に夫から不満が出ている女を見つけた場合、クテルネンは立ち止まって後ろへ二、三歩退く。すると二人のシャーマンは激しく地面を踏み鳴らす。そしてまた三人は進み出す。クテルネンが叱責の身ぶりをしても、彼が舞台にいる限り女たちは賛美と喜びの歌を続ける。彼がハイン小屋に戻ってくると、男たちは穏やかな手拍子で迎える。一方女たちは「下へ行ってしまった!(カウ・コ? ヒム)」と叫ぶ。すると一人のシャーマンが自分たちの小屋へ戻れと女たちに命じるのだった。

❖――8 ハラハチェス――角のある道化師[90]

角があることで有名なハラハチェスは、グシンデによれば男たちにはコタイツと呼ばれていたそうだ。[91] 彼は地下世界の住人だ。グシンデは誤って天界の精霊だと記しているが、彼は間違いなく地の精霊で、それはロラ、アンヘラ、フェデリコそしてサレジオ会文書も認めている。その妻についてはひとことも述べられていない。その目立つ角は、一九二三年の時はアスルに似た仮面を横に伸ばして作られていた。中に七〇センチほどの枝を入れ、皮で覆

38▶ハラハチェス、「角のある道化師」。
1923年、マルティン・グシンデ撮影。

いアキレス腱で固定して白く塗り、両端を赤く塗ったものだった。角は小さな弓で作ることもあった。ハラハチェスは体全体を白で塗り、その上から掌の幅の赤い帯状の縞が数本、首から膝にかけて塗られている。肘先と膝下は黄色がかった白だ。アンヘラとフェデリコは、彼には布袋腹という肉体的欠陥があったと強調していた[92]。ハラハチェスの角は牛の角を表したものではなく、ホーンド・フィッシュ〔角のある魚〕の一種であるハチャイを表したものだった。ハチャイはかつて〔ホーウィンの〕名高い格闘家で戦士だったが、布袋腹だった。彼は最初の男のハインでハラハチェスの役を演じ、その後この魚に変身したのだった[93]。

この精霊は反サルペン派で、男性だった。グシンデの言葉を借りると彼は「サルペンから覇権を奪う」者だ。彼がハインに現れると、サルペンはいつでもすぐさま地下の住処へ戻って行く。彼女の怒りが今にも爆発しそうで不穏な雰囲気になると、男たちは「ワ」と唱えてハラハチェスの到来を告げる。即座に女たちは歓迎するため「ハラハチェスの歌」(#25)を始める。彼が来ればサルペンが消え去るのがわかっているからだ。サレジオ会文書では、彼は女たちを面白がらせる道化師としてふれられているだけだ。だが一九二三年の時、場面によっては彼は深刻に受けとめられていた。一方、それ以外では彼はおどけていた。クラン(後述)と同じく、彼はいくつもの顔を持つ精霊なのだ。

彼はサルペンを圧する力をさらに見せつけようと、クロケテンたちを女の目にふれるところまで送り出す。サルペンが自分の若いつばめに関して嫉妬深いことは札つきだ。クロケテンは赤で彩色され、左右それぞれの肩の中央から膝にかけて白い線が引かれている。目の縁に白い点、頬には白い線を描いて顔を飾りたてている(写真23)。彼らはただ舞台を回り、女たちの前を列になって進むだけでハイン小屋へ戻る。女たちはその姿を見て喜び、ハラハチェスが送ってよこしたのだとわかる。この精霊は気紛れで、ことによっては男たちを殺しかねないことも女たちは知っていた。

ハラハチェスは愉快な者ではあったが、その気になった時はとりわけ不気味で恐ろしかった。ブリッジズはこう書き記している。「彼はいきなり前へ進んだり、頭を振り上げ脅したり、鼻を鳴らしたり、片方の角を突然突き出したりする。これはみないかにも本物らしかった」。その動きは速やかで攻撃的で、合間合間に飛び上がったり左右をじっと睨んだりする。いつも左手であごをつかみ、肘を上げている。もう一方の手で尖った長い棒をにぎって大きな弧を描くように振り回す。棒は、女たちが投げつける泥玉や雪玉の「嵐」に対する防御手段なのだった。転んでも手はあごをにぎったまま離さず、肘で支えて起き上がろうともがいた。前かがみになって膝をわずかに曲げ、足を大きく広げて前へ飛ぶが、右手の動作のせいで横へずれてしまう。この時も決してあごから手を放さず、一点をじっと睨んだままだった。

一九二三年の時は、彼が現れる二、三分前、ハイン小屋からグアナコのケープが飛び出し舞台の中央に舞い落ちた。その刹那、ハラハチェスが手であごをつかみながら舞台で跳ねた。その両側では二人の裸の男が手を膝にあてて身をすくませ、飛び跳ねながらついていく。三人がケープのところまで来ると、ハラハチェスは屈んでいる捕虜たちの頭を打つ真似をした。殴打された犠牲者たちはゆっくりと崩れ落ち、ケープの上に伸び、死んで動かなくなった。その間女たちは「ハラハチェスの歌」（#25）を歌っていた。ハラハチェスはハイン小屋へとって返すとさらに二人男を連れ出し同じ目に合わせ、しまいには六人かそれ以上の動かぬ軀《むくろ》が積み重なってケープの上に転がっていた。女たちはずっと悲鳴を上げていたが、次いで行動に移り、およそ三〇メートルの距離からこの罪人に向かって泥玉や雪玉の一斉射撃を開始した。ハラハチェスはあちらに飛びこちらに飛び、身をよじってそのほとんどをかわし、棒を振り回して払いのけた。そして疲れるとハイン小屋へ跳ねながら帰って行った。ケープに突っ伏した犠牲者たちと、飛び道具を手にした糾弾者たちは置き去りにされた。[94]

少しして彼は再び現れた。大股で「死体」に歩み寄るとそのうちの一体の髪をつかみ、頭を引っぱり上げた。手

39▶ハラハチェスの「犠牲者たち」。
1923年、マルティン・グシンデ撮影。

を放すと頭はがくりと垂れる。こうして本当に命がなくなったことをはっきり見せつけるのだ。新たに泥玉や雪玉が雨霰と降る中、彼は勝ち誇ったようにハイン小屋へ戻ってゆく。すると男が数人小屋から出て来て、「死体」を引きずって行った。その間も女たちは攻撃の手をゆるめない。間もなく軽快な手拍子に続いて「サス・サス・サス」(#23)と唱える声が聞こえてきた。小さなオルムが犠牲者たちの命を取り戻すことを示す明らかなしるしだ。一九二三年時、ハラハチェスはこの場面を二度演じ、単独では五回舞台に現れた。この衝撃的な場面を記すことができるのは主にグシンデの記録おかげだ。

アンヘラとフェデリコの話では、ハラハチェスはしばしば舞台にやって来ては闊歩し、笑い続ける女たちに向かって突進したそうだ。それに対し女たちは、なんとかして手にした飛び道具をぶつけてやろうとしたという。ハラハチェスは転ぶこともあったが、決してあごから手を放さない。ロラはその姿を真似て、片手であごをぎゅっとつかみ、もう一方の腕をぐるぐる回してみせた。そしてその度に大笑いしていた。彼女はよく、私をじっと見つめては「ハラハチェスはとても悪い奴だった」と呟いたものだ。アンヘラはかつて、女たちが笑うのは彼が怖かったからだ、と私に言ったことがある。

❖——9 マタン——バレエダンサー(95)

マタンはハインにおける素晴らしい踊り手で、私は「バレエダンサー」と呼んでいる。一度アンヘラをバレエに連れて行ったことがあるが、上演中、彼女はずっと、ダンサーたちはまるでマタンのようだと笑いながら私に囁いてきた。グシンデもまた、マタンのバレエのような跳躍について述べている。アンヘラとロラは二人とも、マタンは女性だと言い切っていたが、グシンデは男たちからその反対だと教わっていた。そして、マタンは何人かまとまって姿を現すが、時には舞台の別々の場所でバラバラに演じることもあるとも言われている。サレジオ会の文書で

40▶マタン、「バレエダンサー」。1923年、
マルティン・グシンデ撮影。

はマタンは男とその妻で、数組が同時に観衆の前に現れるが、それぞれ個別に彩色されているという。彼ら（彼または彼女）は常に円錐形のトロンの仮面を被っていた。私はこの本ではマタンを女性の精霊としておく。彼女がやって来るのはたいてい日中だった。彼女は「美しい昼のよう」だとロラは言っていた。

一九二三年のハインでは、マタンは赤で彩色され、たいてい太い白の縞か長細い楕円形の模様が体のあちこちに描かれ、腰の周りに帯状の白の縞、仮面にも同じ模様があった。フェデリコによると、かつてはその仮面は黒と白の半々で塗り分けられていて、コーメンあるいはクオムと呼ばれるクロエリハクチョウを思わせたそうだ。母権制社会だったホーウィンの時代、ハインの祭りの準備をしていた時のこと、完璧な美人（ハウウィットピン）である一人の娘がマタンの役を練習していた。すると彼女の父「太陽」（クレン）に見つかってしまった。その瞬間、彼女はクロエリハクチョウに変身した。(96)

実際のハインでは、自分が演じるマタンと同じ天の者がその役者となった。他の精霊と違ってマタンには「北」と「南」の天しか割り当てられていなかった。彼女がハイン小屋から出るときは常に自分が属する方位から出た（小屋の環状の設計と配置からすると、出口は「北」と「南」に限られる）。フェデリコが見たところでは、一歩目を右足で飛べる北側から出る方が楽なようだったということだ。

ゼノーネによると、マタン夫婦の到来は「歌う棒」によって告げられるという。その音はピンと張られたワイヤーがどこからか吹いてきた突風に吹き鳴らされているような音だった。棒が「歌う」（おそらくクランの歌（#12）に似た声で）と、女たちは舞台の際《きわ》に来て彼らを歓迎する歌を歌う。まずは「呪医」（シャーマン）がハイン小屋を出て松明を灯し、炎の揺らめきに合わせた素早い所作をする。するとマタンが一組か二組、ハイン小屋から舞台へと出て来る。現れるマタンの人数は、シャーマンが行う所作の回数によって決まる。マタンたちは横向きになってハイン小屋から一〇メートルほどのところまで跳ねて行き、また同じようにして戻る。五分間隔で彼らは一〇回から一二回出てきた。

一九二三年のハインの時は、男たちが「ホゥ？ホゥ？ホゥ？・」（#5）を四、五分唱えてマタンを天空からハインへ呼び寄せた。それから声は二つの音階に分かれ、二重唱になる。合唱は半時間以上続いた。女たちが彼女を迎えるため、「マウデ・エン」（マタンを崩した言い方#15）を歌いながら舞台の際《きわ》に駆け寄って来た。精霊は二、三歩横へ歩むと立ち止まった。そして初めてその素晴らしい跳躍を見せた。シャーマンが傍らへ寄って来て、その長い仮面がちゃんと元の位置にあるか確かめる。彼女は観衆の正面を向き、両手で仮面の耳の辺りをしっかり押さえたままいつも横ざまに飛ぶ。女たちはもっと近くまでおびき寄せようと詠唱する。マタンは誰をも楽しませるので頻繁に演じられた。ことさら美しい場面をグシンデが描写している。夜、青白い月の下、一人のマタンが現れる。新雪の上に彼女の姿がちらちらと反射する。舞台中央の篝火に照らされて、彼女の踊る姿は長い影となり舞台を移ろうのだった。マタンはサルペンの専制を逃れているようだと、グシンデは述べている。

❖——10 コシュメンク——寝取られ亭主[97]

コシュメンクは（一九二三年のハインでは）円錐形仮面の天辺から股、あるいは膝にかけてかなり太い垂直の白い縞が二、三本引かれているのが基本的な模様で、これによってほかの精霊と見分けがついた。その扮装はマタンとよく似ていた。この二人とクランが似ているのは、三者とも天空から下りてくる者だからかもしれない。フェデリコが言うには彼らは「同類」で、その体は生身だった。対照的に地下世界から出て来る者はほとんどが岩で出来ている。サルペンだけがその半々だった。ハラハチェスの体についてはわかっていない。

コシュメンクたちは彩色と模様をそれぞれわずかに違えることで、四つの天を表していた。より昔のハインではクロケテンが彼らを演じたので、各ハインにおけるクロケテンの人数によってその数も決まった。コシュメンクは

41▶二人のコシュメンク、「寝取られ亭主」。1923年、マルティン・グシンデ撮影。

両手で仮面を押さえたまま高く飛び上がったり踵で臀部を蹴り上げたりするので、演じ手は身軽な者である必要があった。この点で彼より勝っていたのはマタンだけだった。

　コシュメンクはクラン〔179頁〕の悩める夫で、どう考えても寝取られ亭主だ。女たちはその演技に大はしゃぎし、「フプ・ケ・ケプ」（#14）を詠唱して彼を迎える。フェデリコによれば、コシュメンクは不幸なあまり四六時中泣いているという。彼は半狂乱になって絶えずその不実な妻を探しており、もし浮気の現場を見つけようものなら逆上する。妻がハイン小屋の中で情事に勤しんでいると、彼は外から壁をドンドン叩き、体をぶつけて小屋を打ち壊そうとする。これがうまくいかないので、コシュメンクは半狂乱になってハイン小屋の周りを跳ね回る。この滑稽な挙動を遠くから見ている女たちは大喜び。彼は疲れを知らず、一度に何時間も暴れ回った。舞台に円陣ができ、その中央でクランが次々と情夫を相手にするのを、コシュメンクは男たちの脚の間からのぞき見て、嫉妬で乱心する様を身ぶりで示すのだった。クランが情夫たちと天空にいるとき（後述）、コシュメンクは小さく跳ねてはしばらくじっと動かない。そうやって苦悩を表していたのだと、フェデリコが言っていた。時には一〇分間も動かないままでいることもあり、そのせいで一層間抜けに見えた、とグシンデは書き記している。

　これまでもしばしば引用してきたゼノーネの報告書が、一九二三年時のコシュメンクとクランの場面（二人はよく一緒に登場した）の予備知識となるので、ここでも引用しておこう。「コシュメンキ」（たいていはコシュメンクと表記）とその妻「コラン」（クラン）が天から降りて来ると、（マタンの時と同様）「棒の歌」がそれを告げる。二人が舞台へやって来ると男たちはすごい速さで舌を動かして、小石の入った瓶を勢いよく振ったときのような音を立てる（#12）。それから女たちが森の外れ（舞台の際《きわ》）に来て歌う（おそらく#14）。それが終わると上から下まで赤く塗られたコシュメンクは小刻みに横へ動いたが、ずっとうなじに手をやり、仮面がずれないよう押さえていた。彼はハイン小屋から（舞台の方へ）五〇メートルほどのところまで来ると、体を左右に揺すりながら跳ね始める。

42▶ハイン小屋近くの二人のコシュメンク。
1923年、マルティン・グシンデ撮影。

そしてハイン小屋へ戻って行った。これらは「軽い」バージョンだ。「荘重な」バージョンでは、八人から一〇人のコシュメンクが現れた。

ゼノーネはさらに続けてこう記している。クランとコシュメンクたちはいつも夜に集団でやって来て、小屋の間(女たちの宿営地)を通っていく。するとそこにいる男たちがからかってくる。彼女ら(クラン)がやって来るのが聞こえると、女たちはケープの下に身を隠すので見ることはない。隠れているのに飽きてくると、女たちは皮を一切れ炉火に投げ入れて煙を立てる。するとクランは消え去るのだ。時にはクランが小屋に入って来て火の傍らに座り込むこともあった。ある老婆は一度ケープの穴からクランが火のそばで温まっているのをのぞき見たとき、その足が男の足そっくりなのに気がついた、と言っていた。

盛大な(重々しい)バージョンのときは、クランたちは腕を組んで若干名の若者(すでにクロケテンを経た者)ともども宿営地の前を練り歩く。すると二、三人のコシュメンクが大きく跳ねながら現れ、嫉妬で怒り狂いながら彼女たちの近くを通り抜ける。若者たちは赤で彩色されていたが、顔だけは別で、耳から耳まで白い小さな点線がついていた。点線はオジテレトと呼ばれ、あれば小さな櫛で、ないときは小さな棒でつけた。彼らはまた二つのカアンと呼ばれる白い小さな水玉をこめかみにつけていた。この若者たちをクランから引き離すのは大変難しい。ただ、誰かが二人の間を通る時にはクランは手を放す。若者たちは自由になると宿営地へ駆け戻り、最寄りの小屋へ飛び込む。フラフラな状態で呆然としており(口が利けない)、それが翌日まで続く。自分たちの小屋に戻ってからは四、五日の間、まだクロケテンであるかのように過ごす。笑いもせず、(年長者に)非常に従順で、宿営地にいる全員のために薪を取って来る。[98]

一九二三年の時は、ある夜二人のコシュメンクが同時に現れ、彼らの妻を巡って蹴り合い殴り合った。別の夜には、舞台中央の篝火の近くに四人のコシュメンクが姿を現した。しばらく大人しくしていたが、すぐに追いかけっこをはじめ、そのまま森の中へと消えた。見ていた女たちは妻を取られたことを野次り、からかい、なぶった。

一度、午後に突然クランの歌が聴こえてきたことがあった。宿営地の女たちは隠れようと自分の小屋へかけ込んだ。すると男の叫び声がしたので女たちが舞台の際《きわ》まで走って行くと、なんともおかしいものを目にした。コシュメンクがハイン小屋のてっぺんに震えながら立ち、宿営地の外れあたりを見渡しているではないか。クランが情夫を連れて彼の横を通り過ぎて行ったので、コシュメンクはやけになってハイン小屋の壁をよじ登り、森に潜んでいる妻を見つけ出そうとしていたのだ。彼は二時間もその危うい体勢のままでいた。

❖——11 クラン——ひどい女（ラ・ファム・テリブル）[99]

フェデリコによると、クランはどの天ともつながりがないという。これは、彼女が特定のコシュメンク一人と「結婚している」のではなく、その全てを夫としているからかもしれない。だとしたら、これはセルクナム族の中では唯一の一妻多夫の例だ。グシンデはこの精霊の写真を発表していないので絵で描いてみた（図43）。マタンやコシュメンクに似ているとグシンデは記している。ただ長く尖ったトロンの仮面はもっと底が広く、色が黒なのが違いだった。クランの彩色は演じる役者ごとに違っていたが、コシュメンク同様、特に象徴的な意味合いはなかった。観衆が見分けやすいように、それぞれ特徴を出していただけだ。

一九二三年の時は、体と仮面の片側が赤で、もう半分は白か黒で塗った。その上から白で太い縞——または掌の幅の白線——を仮面の先端から股（陰部は覆っている）まで引いた。上半身に縦または横の縞をつけ加えることもあった。乳房は皮の袋で作り、少しだけ膨らませてあった。若くほっそりしているので、彼女の役はクロケテンが演じた。コシュメンクよりも幾分背が低いことも条件だった（全てのコシュメンクより低くなければならなかったのかもしれない）。クランにはいつも情夫か夫、あるいは年輩の者が連れ添っていた。[100]

クランが天界から下ったことを告げるために、男たちは前述の「歌う棒」のような調子で、「ヨヨヨヨ」と同じ音程を非常に速く唱える（#12）。告知があっても常に現れるとは限らないが、彼女は実際よく現れ、それは決まって夜だった。女や子どもたちはその詠唱が聴こえてくると小屋の中でケープの下に隠れる。とりわけ彼女が宿営地に来るときはそうするのだが、（一九二三年のハインでは）滅多に入って来なかった。昔も今もこれからも、クランはたえず情夫たちに囲まれているので、当然女たちに嫌われていた。だが、時に女たちは彼女をマク・チアン、「可愛い女」と呼んで歌いかけることもあった。彼女が一人あるいは複数の求愛者とともに天界に雲隠れすると、女たちは「マウケル」を歌った（#13）。これは、自分たちの男を放して返してほしいと懇願する歌だった。この歌の中で唱えられるマウケルあるいはペマウルクという言葉は、遥かな天界、東方を指す。

クランはしばしば情夫たちを一週間かそれ以上、遥かな天界に留め置く。戻ってきた情夫たちはよろめきながら宿営地へ帰る。飽くことを知らぬクランのせいでふらふらになり、髪はコウテイペンギンの糞にまみれていた。理由はよくわからないが、このペンギンはクランの天界の住処にたくさんいることになっていた。情夫たちはこの鳥の卵を食べるのだが、卵を集める際、どうしても糞が髪についてしまうのだ。[101] 意思に反してクランにさらわれたとわかっているので、妻たちは不貞な夫を迎え入れ、気遣う。天界でクランとどんなことがあったか尋ねることはない。戻って来たとき男たちは自分がどこにいたか全く覚えていない、と教わっているからだ。新成人の若いクロケテンが天界での長い滞在から戻って来たとき、裸体を美しく彩色され、頭に優美な羽飾りをつけていることがある。彼が到着するや、数名の男たちが舞台の前面へと連れだす。女たちによく見えるようにして、嫉妬させたり性欲をかきたてるためだ。同じ理由から、クラン自身も一人、時には二人も情夫を連れて舞台を練り歩いてみせることがあった。

クランはまた、宿営地からさほど遠くない森の中で情交する。ハイン小屋の中ですることさえあった。だがこう

43▶クラン、「ひどい女」。クランの写真はない。オフェリア・ダマート画。

した活発さにもかかわらず、その動作はすこぶるゆっくりとしたものだった。一九二三年の時は、一時間で一〇メートルしか進まなかったほどだ。横へ小さな歩幅でずれて行くのだが、一歩進んでは長い間休む、というやり方だった。

❖――12 ウレン――優雅ないたずら者(102)

ウレンは男性で、島の北部の精霊だ。写真に残されている中では最も優雅な精霊の一つで、きわめて機敏な道化師という役柄だ。特徴はやや先のとがったずんぐりした仮面で、木の皮で作り中に枯れ草や葉が詰めてある。全体に明るい赤で塗られ、頭頂部に三本の横縞がある。天辺から下端にかけて細い縦線が何本も引かれ、線の色は白と深紅が交互に使われている。トロン仮面とは違って、そのまま頭にかぶさるので手で支える必要はない。ウレンは全身が深紅で塗られ、首から足先、手首にかけて白の細い横縞が一面に描かれる。さらに一本細い白の縦線が首からへそまで伸びている。

一九二三年のハインでは、彼は一度だけ、観衆を楽しませるためだけに現れた。一人の男が宿営地へ行き、女と子どもたちにハイン小屋をよく見るようにと言った。しばらくしてハイン小屋の片側から突然ウレンの大きな頭がにょっこりと出た。右手を弓なりに曲げて頭の上にかざしている。数分間観客をじっと見据えていたが、さっと消え、次の瞬間小屋の反対側からまた現れた。弓なりに曲げた左手を頭の上でかざし、またもじっと見据える。〔小屋の端から端までの〕八メートル程の距離を移動するその素早さに、観客は驚嘆する。「舞台裏」では細部まで瓜二つの格好をした二人のウレンがハイン小屋の両端に控えていたのを、彼らは知らないのだ。近くで第三の男が頭を突き出すタイミングを的確に合図する。演じ手たちは互いの動きを合わせたり、数分間じっとしている練習を重ねてきたのだった。

44▶ウレン、瓜二つの片割れと奇術を見せる。1923年、マルティン・グシンデ撮影。

グシンデはこの精霊のもつ意味に関する情報を得ていない。一九二三年のハインでは、島北部からの参加者がほとんどいなかったからなのだろう。その頃までには大半の者が殺されるか病で死ぬかしていたのだ。わかっている限り、この精霊は単に観客を楽しませるためだけの存在だった[103]。

このハインに参加したホテクスは、数少ない北部出身のセルクナムで、いたずら者の精霊ウレンをこの祭典に出すよう要請した。おそらく彼がテネスクとハリミンクに、その彩色の仕方と動作を教えたのだろう。この地域のハインで、それ以前にもウレンが登場したという話はない。ブリッジズ、ゼノーネのどちらもウレンについては触れていない。

❖――13 タヌ――謎の精霊[104]

この精霊は男性的か女性的か？　そう問われたら、大方は後者に票を投じたことだろう。この精霊の異様な風体からは性別は判然としないし、祭典におけるその役割に相応しい姿でもない。ロラとアンヘラとフェデリコ、そしてブリッジズは、タヌはサルペンの妹だと断言している。一方グシンデはタヌを男性だとし、サルペンとの血縁関係があるとは述べていない。タヌが度々サルペンの妹だと言われるのは奇妙に思える。テネスクによれば、ハインの神話にタヌは出てこない。ただし「彼女」に関する断片的な話はある（後述）。

タヌは非常に大柄だ。幅もあり背も高い。観衆に背中を向けているのは、仮装の重さのせいだ。一九二三年の時は、仮装の枠組みは役者の頭上九〇センチのところまであった。全体は頭から膝まで達するもので、他の精霊の扮装とはまるで違っている。演者のふくらはぎと足の甲には鳥の綿毛が擦りつけられている（写真45でははっきりしないが）。「頭」の後部しか見えないので、他の精霊よりも一層無表情な感じが強い。扮装は弓を何本か縛ってまとめたものを枠にして、その上に大きなグアナコの皮を一枚伸ばして張る。仮面に相当する頭部の三角形の部分は、

45▶「南天」のタヌ。伝統的に扮装者は観衆に背中を見せる。1923年、マルティン・グシンデ撮影。

高さおよそ七〇センチで黒く塗られている。他の部分は赤い。頭部と胴体の二つの部分は白の横縞で区切りがつけてある。グシンデは、上の部分には綿毛の房が縦に三列あると書いているが、写真では一列しかない。下の部分には赤地の上に（約三センチ幅の）白、さまざまな濃さの赤、または黒の縦縞が引かれている。この縦縞のうちの何本かに綿毛の房を貼りつける。この作り物は上部に葦や草、木の葉を詰め込んで膨らませてある。演じ手の体に括りつけられているが、とても重いので役者はそれを背負う形になり、観客に背を向けてゆっくりとしか動けない。

グシンデ（あるいはテネネスク）によると、主要な天の基本方位の名がついた四人のタヌがいるという。それぞれにわずかな模様の違い――特に色、線や縞の太さと位置――があった。フェデリコによれば、女たちにはそれぞれのタヌがどの天を表したものかすぐにわかったようだ。自分と同じ天のタヌを目にすると女は誇らしげに「ヤク・ショオン」と叫んだ。「あれは私の天から来た」、つまり「彼女は私のタヌだ」という意味だ。だがフェデリコは、タヌは三人しかいないと断言していた。彼らには、ハインの主柱のうちのセルクナムの三本からとった名がついていたそうだ。

フェデリコによると、最初の男のハインで南のタヌの役を演じたホーウィンは、その後「地這い」、ショシツ（キノボリカマドドリ）に変身した。この鳥は糞を食べるのでとても不潔だとされていた。演じ手は重い仮装を支えているので、その汗が「汚物」にたとえられた。

アンヘラもこのタヌはショシツだと言っていたが、そのホーウィンは二人で、ともに「南天」の女とその息子だったという。息子はクロケテンだった。息子が母親の「天」に属しているということは、アンヘラは母権制の神話時代における女たちのハインに言及していることになる。またしても二つの異なる神話時代のハインへの言及が見うけられる。[105]

タヌは老人が導き、転ばぬようつき添っていた。フェデリコはこんなことも言っていた。この精霊は矢くらいの長さの尖った赤い棒を仮装の前面に結んで持ち歩いている。それで男たちの鼻と耳を突いて自分が主催する見せ場の間、血を流させておくのだと言われていたそうだ。タヌはたいてい、三つあるいは四つの天とハインの柱を表すそれぞれの時に合わせて姿を見せた。一九二三年のハインの間はどうやら四人のタヌが姿を見せたようだが、写真に撮られたのは南のタヌだけだ。

ブリッジズは、タヌは残酷な悪者だが、姉のサルペンほどではないと記している。グシンデは、男性のタヌが愛想よしで害はなく、人を悲しませたりしないと書いている。そしてセルクナム族の創造性溢れる豊かな空想力の全てが、この精霊に表れているとしている。彼らが同一の精霊に対してこれほど正反対の印象を抱いたのはいったいなぜなのか、明らかではない。私の見解では、タヌには人格がない。この分析が正しいなら、タヌは他の精霊とは概念の次元で違うということになる。祭典におけるその役割は、目撃者、見物人、ある種の審判、あるいはサルペンの全権公使であり、それは以下に示す遊戯と儀式の項の中でより明らかになるだろう。

遊戯、踊りとその他の儀式

四つの遊戯のうち以下に述べる二つは、それぞれタヌまたはホシュタンという別々の精霊の主催とされており、ある種の儀式的意味合いがあった。五番目に挙げる、いわゆる「ヘビの踊り」は、写真があるというのが主な理由でここに含めた。

❖――1 タヌの主催になる若い恋人たちの遊戯(106)

夜、舞台の中央で巨大な篝火が燃えている。一方、ハイン小屋の中ではクロケテンとすでに「卒業」した若い男たちがこの場面に備えて体を赤く塗っていた。踊りを先導する役の男はその上に白い縦縞を一本、首から性器にかけてつけ足す。また全員、各自持ち歩いている尖った棒で鼻を突き、顔や胸に血を滴らせた。彼らは一列になって、「フゥ?フゥ?フゥ?/ハインソ・ヘウアン」(#16)を詠唱し、舞台へやって来る。先頭の者は腰に手をあて肘を張り、後の者は両手を前の者の肩に置いている。歩幅は小さく、ゆっくりとしている。足をもう片方の少し前へ出す。それからもう片方の足を持ち上げ、前にある足の踵へつける。この踊り方で篝火の方へ向かいながら詠唱し続け、また尖った棒で鼻を刺す。重々しい足どりのまま、男たちは輪になって何度か篝火の周りを回りつつ、今度は「フシュ・リシュ・ヘウワン」(#17)を詠唱する。その間にタヌはすでにゆっくりと(後ろ向きで)ハイン小屋から出て来ていた。シャーマンまたは権威ある男が彼女を注意深く導いている。彼は何の扮装もしていない。両者は舞台前方の片側へと進み、宿営地にとても近いところまで来る。一方では、グアナコの毛皮を「準備した」未婚の娘たちがてんでに、あるいはフェデリコによると男たちと同じように一列になって、舞台へやって来た。

女子の列の先達は、男子の先達の親族だ。男たちは激しく喘ぎつつ詠唱し続け、短く跳ねては近寄り、ついには娘たちを囲んだ。彼女たちはおそらく男が本当に流血していると思い込んでいる。とり巻いている男たちはまだ喘いでいる。娘たちはグアナコの毛皮で気に入った男の顔や胸の血を拭ってやるが、それは親族の〔族外婚の〕掟が結婚相手として認めている者に限られる。選ばれた男はふざけて両肘で相手を押して、それに応える。男の列の先達が疲れると(あるいはそのふりをすると)、彼は他の男たちとともにタヌに従ってハイン小屋へ帰って行く。少しして彼らはこの踊りをまた最初からくり返し、夜がふけゆくまで何度も行い、ついには全員が完全にへたばって終わりとなる。グシンデは、この演目はほとんど準備がいらないので、この年のハインで頻繁にくり返されたと記している。また、娘と彼女がグアナコの毛皮の「ハンカチ」でやさしくいたわってやった男との間に、本物の愛の絆が結ばれることも時にはある、とも述べている。「クロケテンの祭り」(彼はハインをこう呼んでいた)では、それまで会ったこともなかった若人たちが知り合い、恋に落ちる機会が二回はある、と彼は別のメモにつけ加えている。これは若い娘にとっても、夫となるべき恋人を選ぶ機会だったのかもしれない。そうなれば、（親族の男から）あらかじめ結婚相手を告げられる、という慣習から逃れることができたのだろう。

❖——2 男と女が競う遊戯(107)

一九二三年のハインでは、この遊戯は夜に、やはり舞台中央で焚かれた大篝火を囲んで行われた。日中に行われた場合、男は体を赤い縞で彩色するが、夜ならば顔を黒く塗るだけだった。男たちは一列になってハイン小屋から出て来る。重い荷を運んでいるかのように腰を屈め、短い歩幅で左足を前へ出しては少しずつ進んで来る。そして「ホゥ・ホゥ・ホゥ／クルプシュ」（#10）と唱えている。若い恋人たちの遊戯のように、先頭の者は腰に両手をあて肘を張り、後の者は両手を前にいる者の肩に置いている。一方、赤と白で顔に縞と斑《まだら》の彩色を施した若い女たちは、互いの腰に手をまわして短い列になる。彼女たちを先導する年嵩の女は、長さ二メートル半の棹を持っている。そしてその先端を肩にあて、もう一方は地面につける。彼女はこの姿勢で娘たちを後ろあるいは横に従え、男たちが撃退しに来るのを喧嘩腰になって待ち受ける。男たちはやって来ると、何人かが棹につまずく。棹を彼女からもぎ取ろうとする者もいる。男の列は女の列の周りを回り始め、男たちは肩で押してなんとか女の列を崩そうとする。その間に若い女が自分が選んだ男に肘で、グシンデの言うところの「たいそう意味ありげな一突き」を加えることがある。娘たちは互いにしっかりとしがみつき、男の猛攻に遭うたび前後に揺れて力をかわす。ボウリングのピンのように娘たち全員を一度に転ばせれば男たちの勝ちだ。また、たった一人でも男を転ばせることができれば女たちの勝ちとなり、そうなると彼女たちは大はしゃぎしながら宿営地へ戻って行く。誰もが楽しんでこの押し合い踊りの遊戯をする、とグシンデは述べている。

この踊りは、見た目ほど無邪気なものではないのかもしれない。年嵩の女が喧嘩腰で長い棹をにぎり、男たちが撃退しに来るのを「待っている」様子は、打ち負かされた女族長の「月」を思わせるではないか。ブリッジズがこの「気晴らし」を目の当たりにしたとき、女の列の先頭は、女たちの中でも最も力の強い者だった。レルワアチェンという名で、ハリミンクの姉、テネネスクの第一夫人だった。さらに重要なことは、彼女がまれにしかいない女のシャーマンだったということだ。ブリッジズがこの遊戯を見た二回とも、女たちが勝者となり、「男たちは急いでハインの隠れ家へすごすごと帰った。男の姿が一人も見えなくなると、勝ち誇った女たちは大喜びで村へ戻って行った」。

❖——3 女たちの復讐遊戯[108]

ブリッジズはこの遊戯についてこう語っている。「女たちが加わる余興の一つで……大昔に起きたと言われている虐殺に対する復讐の機会を与えるものだ」。もちろん、彼はここで母権制神話のことを言っているのだが、グシンデはこう述べている。「かつては女が男を圧倒する力を秘めていたのだ……。女たちはこの遊戯に興じ、わずかな間にたくさんの男を『殺した』。女たちは大いにこれを楽しむ」。フェデリコはこう言っていた。ホシュタン・ティエン（精霊ホシュタンの主催）というこの遊戯では、女が男を全員地面に引き倒す。そして男たちは死んだかのように横たわる。一九二三年のハインではホシュタンの扮装はなされず、姿を表すこともなかったが、フェデリコによれば、この遊戯にはホシュタンが関連しているということだった[109]。

ホシュタンが大地の底からハインへ出て来るときは、男たちが「ヘ・ヘ・ヘ」(#11)と唱える。すると女たちが舞台の際《きわ》へ近寄って来て、嬉し気に待ち受ける。待っているのは踊りの遊戯で、おそらく女たちお気に入りの一つだった。男たちの長く伸ばした「ヘ・ヘ・ヘ」の声は、ブリッジズによると「キーキーしたむせび泣き」で、自分たちが怯えており、懲らしめられると思っていることを、女たちに知らせようとしていたのかもしれない。少人数の男が一団となって跳ねながら、ハイン小屋から出てきた。その様はペンギンのぎこちないよちよち歩きを真似ているかのようだ[110]。男たちは顔と首を黒く塗ってそれ以外はむきだしのままでいるか、胴と脚の周りに赤い縞をつけて白いチョークの粉を全身にふりかけるかしている。草か細い葦を紐代わりにして長髪を三つ四つに束ねている。最初の一団が舞台へ向かって跳ねたのも束の間、すぐハイン小屋へと跳ねて戻ると、さらに数名の踊り手を連れ出して来る。これが何度かくり返される。踊り手全員が舞台中央に揃うと、彼らは散り散りになり黙ってしゃがみ込んだ。やや前屈みで足首は尻につけず、両拳を地面に立て、またも「ヘ・ヘ・ヘ」と唱えながら、その場で体を弾ませる。突然女たち、特に娘と若い妻たちが突撃してきた。夫や結婚相手になる見込みのある独り者など、それぞれに狙いを定めた男がいるのだ[111]。

　女がすぐそばまで来ると、男は横へ、前へ、後ろへと跳んでかわそうとする。女が男の束ねた髪をつかもうとすると、頭を振って避ける。男は座ったままかしゃがんだままでいなければならなかった。女は男の編んだ髪でもほどけた髪でも両手で鷲づかみにすると、思い切り引っ張って揺さぶり、倒そうとする。その間笑いっぱなしだ。男は悲鳴を上げながら、全力で抗う。一人の男に娘が二、三人がかりで倒そうとすることもあっただろう。ついには男は降参し、地面に倒れ伏す。勝者は舞台を見回して次の標的を探す。こうして全ての男ないしそのほとんどが「殺される」まで遊戯は続くが、中には他の男より長く抗う者もいた。男が全員地面に倒れ伏すと、女たちは勝ち誇って宿営地へ戻って行く。ロラは、友人のカンコットが襲われてもひるまず絶対倒れなかった様子や、彼女の夫アニクもまた倒すのが大変だったことをありありと思い返していた。フェデリコも、アニクはなかなか倒れないことで有名だったと言っていた。女たちが戦場から去ると、死んだ犠牲者たちは跳ね起き、恐怖に駆られたかのようにハイン小屋へ駆け戻るのだった。

この遊戯は、祭典ではなく演劇としてのハインの二重性を、他のどれよりも明らかにしている。男と女では、この三つの遊戯をおそらく対照的にとらえていたが、その解釈の仕方にこの二重性はよく表れている。この遊戯は、明らかではあるがはっきりとは示されていない史劇なのだが、彼らはそれを演じていることに気づかない、あるいは無視しているふりをしている。後でも述べるが、ここでもまた女たちは気づいている。自分たちが劣っていることを認めろと、男たちは自分たちを嘲って挑んでいるのだ、ということに。こうした芝居をしたところで、彼らの秘密は揺るぎないとたかをくっているのだ、ということに。

❖──4 クルプシュ、あるいはペンギン踊り(112)

ブリッジズは島にカエルがいないことを知ってはいたが、これをカエル踊りと呼んでいる。グシンデはこれをクルプシュという別の「遊戯」と考えたが、彼もまたこの踊りの最中の姿勢はカエルに似ていると思った。アンヘラとフェデリコの話は全く違って、この踊りの動きはペンギンを真似たものだということだった。この踊りは昼夜を問わず行われた。日中に行われる場合、男たちは顔も体も入念に彩色した。赤と白、または白と黒(あるいはそれらの組み合わせ)で斜めの縞模様を胴体または体全体に描く。あるいは体全・体を赤で塗ってから白い縞を一本胸に、さらにもう一本をへそのところに描く。夜に演じるときは、ただ顔を黒く塗るだけだった。

ハイン小屋から「ホゥ・ホゥ・ホゥ/クルプシュ」(#10)が聴こえてくると、女たちは次に起こることを心待ちにする。一九二三年の時は一九人の男が一列になり、詠唱し続けながらしゃがんだ姿勢でハイン小屋から出て来た。拳を地面につけて体を支え、うさぎ跳びをしている。宿営地の方(女たち)を見たまま舞台の端から端まで列になって動く。これを四度くり返したが、合間にハイン小屋に戻る。舞台にいる間はずっと例の「ホゥ・ホゥ・ホゥ」を唱えている。最後の回は一種の山場で、再び舞台中を「ペンギンのように」跳ね回り、ブリッジズによれば「地獄のような喧噪」となった。「まだ若くて『小屋』（ハイン小屋）のメンバーになれない少年たちもこの戯れに加わっていた。参加者はみなとても楽しげだった」と彼はつけ足している。

ひとたびこの上演が終わると、数人の男がしゃがんだまま、しかめっ面をしてみせて女たちをからかい始めるのだ、とブリッジズとフェデリコが証言している。男たちはできるだけおぞましく見せようと、口の中や瞼の裏に木切れを入れる。それから口や目の端を下へ引っ張ったり口をすぼめたりあかんべえをして、自分たちの気持ちを見せつけるのだ。ブリッジズはこう記している。男たちはこうした「不快感の放擲《ほうてき》によって女への嫌悪と侮蔑を示した。残念ながら女たちからは遠すぎて、男衆の懸命な試みも何の効果も生まなかった」。別のハインでこのフィナーレを見たフェデリコは、女たちは男たちの様子を見て大笑いしていたと述べている[113]（写真46）。

❖――5 いわゆる「ヘビ踊り[114]」

ルーカス・ブリッジズはこれを「ヘビ踊り」と名づけたが、これもまたティエラ・デル・フエゴ五〇〇マイル〔約八〇〇キロ〕内にヘビはいないと知ってのことだ。グシンデのかなり詳しい記述にあるように、これは「クルプシュ」の別場面を異なる演出でやったものなのかもしれない[115]。ブリッジズはこの踊りに誤った名称をつけてはいるが、その描写は充分引用に値する。

時に男たちと若者たちが村（宿営地）近くの木立の中でこっそり集まることがある。体や腕、足まで深紅に塗り、その上にはっきりと白で横縞模様が巡らせてある。彼らは横一列に並ぶと、ラグビーのスクラムのように隣り合っている者同士が肩を組む。女たちへの――はっきり見られないように――注意を怠らず、木立からハイン小屋へと列になって、ヘビのように進んで行くのだ。全員が位置につき、舞台へ出て行く準備が整うと、

46▶女たちに向かってしかめっ面をする男たち。
1914年頃、ルーカス・ブリッジズ撮影。

47▶クルプシュ、あるいは「ヘビ踊り」。
1914年頃、ルーカス・ブリッジズ撮影。

列が動き出す。端の男が少し横や前へ跳ぶと、隣に並ぶ男がすぐさまその動きを真似し、それがずっと列の終わりまで続いていく。三〇人の列であれば、先頭から最後尾までの間に少なくとも三つの波あるいはうねりができるだろう。そうやって全体がゆっくりとハイン小屋へ向かって横ざまに進んで行く。遠目には、それはまさに巨大な芋虫がぎこちなく蠢いているように映る——。最後に残された尻尾の先がもう一度身をよじってハイン小屋の中へ入り、見えなくなった。

私の記憶が正しければ、この上演中役者たちは終始ひとことも発することなく、だが大いにこれを楽しんでいた。(116)

❖——6 男根の儀式(117)

この儀式はオシュ・コンハニンと呼ばれる。オシュは尻尾という意味で、この儀式用の仮装を指しているが、明らかに勃起した陰茎を表している。この名の後半の言葉コンハニンの意味はわかっていない。グシンデによると、この儀式はサルペンに関連した諸々のものとは無関係なようだ。権威ある年輩者が、この儀式の準備にすぐさまとりかかるよう、女たちに告げる。しばらくして、彼は女たちが用意した細長い束を回収するため男を数名宿営地へ遣わす。この束は細い小枝、葦、草、青々とした葉のついた小枝（この地原産の常緑樹、ブナの枝）で作ったものだ。男たちは束をハイン小屋へ持ち帰ると、入口のところに山積みにする。最後に年輩の者が「もう充分だ」と女たちに叫ぶ。その間、ハイン小屋の中では若い男たちが顔以外の全身を黒で塗る。胸と手足には白で太い縞と点線を描くが、膝だけは黒いままにしておく。テネスクなどの年輩の者の手を借りて、彼らは草木の房を体のあちこちに一人一〇束ほど結わえつける。冠のように頭に戴き、首に巻き、腰に縛りつけ、脚に巻きつけ、肩に引っかけて背中に垂らす。背中には長い当て物をし、上の端を首の周りの束に、下は腰の束に結ぶ。長く太い房を性器の上にくくりつけると、それは脚の間にぶら下がって膝まで達し、誇張された陰茎となる。これがオシュ、あるいは「尻尾」だ。

この場面の間は、女たちもハイン小屋の入口の前に立って、中の儀式をのぞき見ることが許されていた。このため、この場面は祭典が始まってすぐに演じなければならなかった、とグシンデは説いている。もっと後になると、男たちの食事の跡や小道具を儀式小屋から片づけるのが大仕事になってしまうからだ。一九二三年のハインでは四日目に行われた。その時までにハイン小屋の中の食べかすは全てきれいに片づけられていた。女たちは、自分たちが寄贈した食べ物のほとんどはサルペンが袋に詰めて持ち帰り、クロケテンたちはほとんど口にできないと信じさせられていたのだ。仮面、塗料その他の道具類一式は、近くの森の中に隠した。

この儀式が始まる直前、ハイン小屋の中の火が消され、燃えさしは掃き出される。祭典の期間中で火が消されるのはこの時だけだ。草木の束で身を飾った男たちは炉辺を囲んで輪になる。輪の内側を向いて腕を両隣りの者の首に巻きつけ、回りながら小刻みに足を踏み鳴らす。やがて「サス・サス・サス」と唱え始め、右へ左へと交互に回るにつれその歌声は次第に熱気を帯びてくる。回る速さが最高に達すると同時に声も最大となり、詠唱は金切り声になる。男たちは前かがみになった後、腰を突き出す。するとまるで勃起したかのように草木の房の男根が跳ね上がる。動きは次第にゆっくりとなり、やがて止まり、解放感が訪れる。男たちはわめき続けながら小屋の壁に体を投げかけ、頭を後ろへ倒してもたれかかる。最高潮に達した時点で、女たちは悲鳴を上げて宿営地へと逃げ帰った。静寂が訪れる。儀式は終わり、男たちは疲弊しきっていた。

この場面がなぜハイン小屋の中で演じられ、女たちが近寄るのを許されているのか、ということの説明はまだついていない。舞台の中央で、篝火の燃えさしを囲んでやれば簡単だったはずだ（次に述べる儀礼のように）。ハイン小屋の中の火が神聖視されていたことが理由かもしれない。地下世界の生き物がこの火を通って出て来るという

48▶男根の儀式用の装飾を施す男たち。左端はテネネスク。1923年、マルティン・グシンデ撮影。

49▶男根の儀式用に身体装飾した演者たち。右の男はその「陰茎」を誇示している。1923年、マルティン・グシンデ撮影。

「事実」と、この儀式の時以外は祭典の期間中ずっとこの火を絶やしてはならないと特に定められていることは、その神聖視の表れだ。それでもなお、なぜこの儀式に限ってその火を消さねばならないのかという疑問が残る。また、女たちはなぜ勃起の瞬間悲鳴を上げて逃げるのだろうか。わかりやすい答えとしては、男の性的活力ないし精力を見せつけようというこの示威行動に、女たちが恐慌をきたした（あるいはそのふりをした）というものだ。しかしセルクナム族の想像力が生み出す象徴性の複雑さを考えると、これでは説明としてあまりに単純すぎるように思える。

❖――7 好天をもたらす儀式(118)

吹雪または嵐の恐れがあると、相談役はチョウ・トセン、「水、止む」の儀式を行うよう命じる。ハイン小屋の中では若い男が何人か（一九二三年のときは八人）冠として枯れ草の房を頭に巻きつける。裸のまま一列になってハイン小屋を出ると、「ワ・ワ・ワ」と唱えつつ踊りながら舞台中央へと向かう。舞台の篝火はくすぶっているか、もしくは完全に消えている。彼らは燃えさしの周りを回り、それから列になって近くの水源（たいてい、以前掘られた小さな井戸）へと向かう。水源を囲んで腕を組み、「シ・シ・シ」と唱えながら、一方へまた逆方向へと次第に速度を上げて回る。ある時点で年輩の女たちが、雪の恐れがあれば「ヨ・シュ・シェ・エ・ヨ」(#18)、雨の心配があれば「ヨ・テ・コ・ホ・オ・ル・オ」(#19)を唱える。一方娘たちは、大はしゃぎしながら水がいっぱい入った皮の桶、できれば雪や氷か雪玉混じりのものを男たちの背中にぶつける。彼女たちがこの遊びに飽きると、男たちは手をつないで一列になり踊りながらハイン小屋へ帰って行く。この儀礼は一日に四、五回くり返され、その後も天気が好転する日まで続けられる（写真51）。

アンヘラの記憶では、この儀式はハイン・ショオン・トセ、「ハイン、空、乾いた」だった。それは水をもたら

50▶男根儀式の準備を整えたトイン（左）とおそらくホテクス。1923年、マルティン・グシンデ撮影。

す「遊戯」で、「頭に草をのっけた」裸の男だけが加わるものだという。ロラの証言によれば、この儀礼はハインの期間中にだけ行われるもので、それ以外の時に好天をもたらすのはシャーマンの役目だったという。吹雪が激しかったり長引いたりすれば、セルクナム族にとっては無論大問題で、飢餓や餓死につながることさえあった。(119)

❖――8　アシカの物真似(120)

ハイン小屋から低い吠え声が聞こえてくると、女も子どももアシカの物真似を見ようと舞台の際《きわ》まで意気込んでやって来る。演じ手たちはグアナコのケープを何枚か毛を内側にしてまとい、ハイン小屋の近くで不規則に並ぶ。そして膝で立つと、腰を軸にして思い思いの向きに回り始める。アシカの群れの真似なのだ。一人がメスのアシカ（自分より小さい男）に言い寄るオスのしぐさをする。メスははにかんで身をかがめ、相手の首を甘噛みする。すると二頭のオスが獰猛に互いを襲い、首を縮めたり伸ばしたりしつつ攻撃しやすい位置をとろうと、互いの周りを巡ってドタバタする。その間ずっとブーブー唸って威嚇し続ける。一九二三年の時は、一時間以上もそうしていた。グシンデは、遠目に見たら偽物だとは信じられないだろう、と評している。女と子どもも同様に感銘を受け、大いに面白がった。

グシンデによれば、オチェンヘウアン（女の大地の精霊）がこれを行えと命じるのだという。これはハウシュ族お気に入りの場面だった。サルペンの使者ハシェとワクスと同様、これは――おそらくハインの他の場面も――元々はハウシュが始めたものだ。(121)いずれにしても、セルクナムとハウシュの二つの文化の間には根本的な違いはなかった。少なくともこうしたハインの場面などにおいては全くない。

❖——9　ケワニクスの行進[122]

ケワニクスの場面あるいは行進は、皆が心待ちにしていたものだった。グシンデは、ここでセルクナム族の芸術的創造性の手腕が最大限に発揮されていると考えた。ケワニクスとはグシンデの用語で、フェデリコとアンヘラはヘウワン・ティエンと呼んでいた。これは「求める」あるいは「差し出す」という意味で、ヘウワンは疑いなく、タヌを表すハウシュ語のエワ、またはエワンのなまったものだ。ブリッジズもEwanと綴ってこの語を用い、それは「原始的な踊りの形態」だとしている。滅多に行われることはなく、自分は見ていないと言いつつ、ブリッジズはこう記している。

まだら模様に彩色した女たちが——この時ばかりは全裸で——野営地からやって来る。一方、男たちは縞模様で彩色し、小屋（ハイン小屋）から向かってくる。それぞれが横並びで進むのか縦一列になっているのかは知らないが、これほどの人数ともなれば、互いにすれ違う際、何かしらの混乱が生じてもおかしくはない。オナ族には統率された行動というものはなく、厳しく指図する者もいない。しかし押し合いになることはなかったようだ……。互いに触れ合うこともなく、また互いを知っている様子も示さなかった。[123]

ケワニクスは一九二三年のハインでは一度だけ行われた。六月四日、祭典の一四日目のことだ。六月二七日にもくり返す計画だった。当日、人びとは彩色を終え、まさに演じ始めようとした矢先の一一時頃、雪が降ってきた。体に描いた模様が流れてだめになってしまっては意味がないので、この場面は取りやめとなった。誰もががっかりした。特にグシンデの落胆は大きかった。

51 ▶ ハイン小屋前での好天儀式の始まり。
1923年、マルティン・グシンデ撮影。

52▶ケワニクスの行進の最中。1923年、マルティン・グシンデ撮影。

53▶ケワニクスの行進用に彩色した男たち。左端はトイン。1923年、マルティン・グシンデ撮影。

54▶ケワニクスの行進用に彩色した女たち。右端はアクキオル。
1923年、マルティン・グシンデ撮影。

55▶ケワニクスの行進用に彩色した女たち。中央がアンヘラ、左がエリク、右がインシュタ。1923年、マルティン・グシンデ撮影。

グシンデは、このケワニクスの場面こそセルクナム族最高の芸術的表現であると考え、男も女もこれが祭典の中で最高に楽しいと思っている、と記している。私が想像するに、この場面へのグシンデの評価の高さは、体の模様が表す象徴的な意味と、彩色した体の官能的な動きによるものではないだろうか。上演された一九二三年六月四日は晴れで、雪が日差しにきらめき、彩色した参加者たちにそれが反射して一層効果を高めていたことだろう。

前述したように、ブリッジズがこの「原始的な踊り」のことを聞いた二〇世紀初頭には、女たちは（彩色の他は）明らかに「全裸」だった。一九二三年のハインで若い女たちが全裸だったかどうかははっきりしない。掲載した二枚の写真では、六人いる女のうちで少女だけがそう見える（写真54）。女たちは寒すぎて羊毛のスカートを脱ぐ気になれないと言った。男たちはこれを認めず、タリと呼ばれる模様をちゃんと見せるには上半身だけでは不十分だ、と抗議した。[124] 写真では、ケワニクスの模様を塗った一〇人の男たちが身に着けているのは、サンダルと三角巾のコチル鉢巻だけで、あとは素裸だ。

六月四日の早朝、男たちはハイン小屋の中で装いを凝らしていた。一方女と少女たちも同様の目的で、宿営地の三つの小屋に集っていた。まず体全体、または上半身にだけ赤レンガ色のオーカー（アケル）を擦りつける。男の場合、両頬に一つずつ大きな白の水玉模様をつけ、鼻の両側には細い点線を描く。全ての男がこの模様だ。背中の彩色はお互い助け合って行う。使うのは水で薄めた白と黒の塗料か、獣脂と混ぜた明るい赤だ。線を引くには薄いへらのようにした棒を使う。点は片端を滑らかにした大きめの棒でつける。塗料は左の掌にのせ、必要があれば水か唾液でさらに薄める。グシンデが、セルクナム族はケワニクスにおいて芸術的創造性を最も良く発揮している、と評したのは、男の模様を指してのことだ。女の模様はこれほど手が込んでいない。グシンデは、男の模様とは比べ物にならないと思った。伝統的には、図柄に関して女も男と同じようにする権利があった。一九二三年にはそれが少し弱まっていたのかもしれない。

ハイン小屋ではテネスクが、男たちからそれぞれの模様について相談を受けていた。特定の模様を身につけるには権利（あるいは特権）の問題が絡み、また各自が選べる模様またはしるしが複数あったからだ。各自が選べるのは、自分のハルウェン（親族集団《リネージ》）または天に属するとされる模様（タリ）に限られていた（後述）。模様は縦の線と横の線（非常に細いものから太い帯状のものまで）、破線から実線、そして丸の形（点からかなり大きな斑または円まで）を組み合わせたものだった。こうした基本的な要素だけで充分、非常に多彩なモチーフを創りだしていた。グシンデは写真に撮った男一〇人の模様（本書には一〇人全ては掲載されていないが）についてはその名称を明らかにしている。六人の女（少女も含む）も写真に撮ってはいるが、その模様の名称については述べていない。彼は、模様がその者の出生地（たいていは親族集団の領地、ハルウェン）と関連があることは知っていた。だが、出生地が族外婚制度に基づくさらに広い単位、「天」と関係があるとは聞いていなかった。

午前九時頃には、この場面の参加者全員がそれぞれの図柄を身に印していた。まず、男たちがハイン小屋から出て来ると、腕一本分の間隔で手をつなぎ、横一列になって舞台に並ぶ。前へ進み、宿営地からとても近い、舞台の端から五メートルほどのところまで来る。男たちは女たちに向かって立ち、じっとしている。女たちは顔を輝かせ、男を見つめる。しばらくの間、誰もひとことも発しない。次に男たちは手をつないだまま輪になった。短い歩幅で、片足を引きずるようにしてもう一方の足へ近づけ、「サス・サス・サス」と唱えながら回る。一方向へ二〇ぺん回ると止まり、今度は逆方向へと回りながら、絶え間なく唱え続ける。次に隣の者の肩に手をまわすと内側へ向かって輪を縮めた。再び回り始めると速さを増していき、最後に少し踏ん張って止まった。男たちはさらに輪を縮めて同じ動作をくり返し、その間もずっと唱えていた（写真52）。ここで初めて女たちが舞台へ出て来ると、三歩離れて立ち、男たちを囲んだ。両手を腹に添え、身軽に前へ後ろへと動く。しかし参加した女の数は男のおよそ四分の一ほどしかいなかったので、その輪が閉じることはなかった。

舞台の脇では、彩色していない年嵩の女と子どもたちが観客となっていた。詠唱しつつ回る男たちの輪を、前へ後ろへゆるやかに動く女たちの輪が囲むその様は、美しい眺めだった。お終いに男たちが輪を解き、また手をつなぐと、女たちの方を向いたままハイン小屋の中へと帰って行った。誰もがたいそう熱心に、一団となって踊り、そしてひとことも発しなかった、とグシンデは述べている。

男たちの姿がハイン小屋の中へ消えると、女たちは思い思いに集まってしゃがみ込んで、もう一度男たちが現れるのを待つ。二〇分ほどすると、男たちがハイン小屋から出て舞台の前方へ歩いて行き、女たちから一五メートルほど離れたところまで来ると雪の上に座り込んだ。黙って数秒間じっと女たちを見つめていたが、ただそれだけで、立ち上がると大きく横に広がってハイン小屋へ戻って行った。観衆も家へ帰った。だが間もなく男たちがにぎりこぶしで体を支えながら、ペンギン（カエルとも呼ばれる）の格好でハイン小屋から跳ね出て来るのが見えたので、みな舞台際に戻って来た。男たちはたいそう興奮して一五分ほど舞台を飛び回った。沈みゆく日の光に映える色とりどりに彩色された姿は、女たちを大いに喜ばせたと、グシンデは記している。女たちは舞台中央まで出て来た。男たちはあちらこちらへ跳ね回っている。女たちは男一人ひとりの図柄を見分けようとしながら、この壮観な見世物を楽しんでいたのかもしれない。

ハインの期間中は誰もがいわゆるタリ、つまり体に描く象徴を自分のものとして彩色する権利があった。それによって一つのショオン＝「天」とハルウェン＝「大地」（親族集団《リネージ》の領地）を表すのだ。

コヨットとヨテル（ロラの叔父と叔母）が、輝く黄色の太陽が描かれたアルゼンチン国旗を初めて見たとき、「アルゼンチンは私らのハルウェンだ。太陽が描いてあるじゃないか」と言ったという。二人は「西天」の者で、その主たる図柄は太陽だった。これまでたびたび言及してきたクレンだ。しかしセルクナムのタリ模様は全くの抽象的なしるしだ。

ショールトおよびその他の精霊の模様はタリとはみなされず、各精霊専用のものだと知っておく必要がある。ホーウィンの先祖と同じく彼らにもタリがあり、それはハイン用の扮装とは似ていないものなのだ。

この仕組みは判断基準が複雑でややこしい。各親族集団には自分たちの「天」とタリの占有権があり、それを表明する。同時に個人、特に男は父方より母方の天の位が高い場合、そちらを選ぶことがあり得るからだ。この制度の分析をさらに難しくしているのが、ホーウィンの神々の名前だ。全員ではないが、ほとんどの神々に名前が二つある。一つはシャーマンと有識者ライルカたち秘伝の名で、もう一つはセルクナム族が日常使う言葉によるものだ。

ホーウィンの先祖たちはほぼ全員が、この島の動植物、山や丘、湖や沼、さらに天体、風、雨などにその姿を変えており、基本方位、すなわち天によって分類されているが、全員にタリの模様があるわけではない。それを有するのは一部のホーウィン（先祖）たちだけで、偉大なるシャーマンたちや、やや劣る英雄たち、さらには英雄とはいえない者（目的を達せられなかった者）たちまで含まれている。彼らはみな右記の自然現象に姿を変えた。ホーウィンたちの中になぜタリを持たない者がいるのか、私にはその基準がわからなかった。文化的英雄クアニプ（124頁）のように、星となった者にはタリがない。だから「月」にもタリがないし、その他にもタリがない者がいる。「タリのあるホーウィン」としては以下の者が伝えられている。

一、「西」——風（シェヌ）、同じく太陽（クレン）、グアナコ（性別と年齢により四つの異なる名称と模様に分かれている）、そして小型のイルカ（クマンタ）。

二、「北」——雨（チャル）、小型のクジラ（オチェン）、アシカ（クーリ）、さまざまなサバ科の魚、イルカ（クサメンク）、タコ、小型のペンギン（カステ）、さらに二種のペンギン、鵜《ウ》の一種（クヘウ）、ガチョウ（ハル）、北の空に現れた虹（アカイニンク[125]）。

三、「南」——白いフクロウ（シェイト）、雪（ホシュ）、オウゴンヒワ（コオクロル）、ノスリ（クアルヘ）、大型のアホウドリ（チャルネ）、トキ（コクポメツ）、南の空に現れた虹。

四、「東」——驚いたことに、伝えられているものはほとんどなく、確実に言えるものは一つもない。これはおそらくこの方位と天がハウシュ族の占有だったからで、私の主だった情報提供者たち三人がハウシュ族ではなかったからだろう[126]。

かつてはここに述べたタリの図柄の全て——そして間違いなくもっと多く——を誰もが知っていたし、体に彩色したのを見ればすぐにどれだかわかったはずだ。

母方の出自から「北天」の者だったフェデリコ（父親は白人）はこう言っていた。「私のホーウィンたちは、アシカ、クジラ、鵜、そしてフラミンゴなんだ。みんなカムク（北天）の者だよ」。ロラは一度、問わず語りにこう言っていた。「私は『雪』なのよ（ホーウィンのシャーマン「雪」は「南天」の者で、父方の出自からそれが彼女の「天」だった）。母は『風』で（彼女の母親は、ファニャーノ湖付くの広大な「西天」ハルウェンにおける有名な予言者アラケンの娘だった）、夫は『雨』なのよ（彼はハウシュで、ウィニクと呼ばれた「北天」ハルウェン出身だった。そこはテネスクのかつてのハルウェンの「お隣」だった[127]）」。

前述したように、天を表すある種の模様には、同じ天の者であっても使ってはならないものがあった。シャーマンもしくは同等の権威ある地位を得た力のある指導者が、タリの一つまたはタリを持たぬホーウィンの先祖を私物化し、自分の父方の親族集団（ハルウェン）の者だけが独占的に使えるようにしたのだろう。ここでいう「使える」とは、ハインの祭典中の身体彩色《ボディーペイント》に限ったものではなく、そのホーウィンを自分の先祖だと主張したり、特定の歌を歌う権利も含んでいる。たとえば「西天」のアラケンはオスのグアナコのタリ（マレ）を使う特権をもっていた。それは「西天」の者全員のものなのだが、アラケンは自分のハルウェン専用だと主張し、他の者が使うのを認めなかった。こうした結果、あるホーウィン（タリがあってもなくても）を独占しようとする激しい争いと、どちらがより威信があるかといったような、一種の階級化が行われたようだ。そんなわけで何十年も経ってから、あるタリがどの天と関係しているかを巡って、アンヘラとフェデリコが言い合うはめになる。アンヘラがキルカインク（大型のクジラ）は「西天」のものだと断言すると、フェデリコはそれは「北天」のタリだと言い張った。アンヘラは私にこう言った。「あんなことを言うなんてフェデリコはトンチキよ。何でも（最高のホーウィンたちを）自分のもの（彼の「北天」のもの）にしたいんだわ」。

タリの身体彩色はケワニクスの「行進」中だけでなく、ハインの他の場面でも見られた。たとえば、サルペンがクロケテンたちを「殺す」ときやタヌが登場する場面で、女たちはタリを「身につけて」いた。[128]

写真53では、左側にいるのがトイン、テネネスクの甥（彼の弟の息子）だ。伯父と同じハルウェンの出身で「南天」の者だ。トインにはこの天の主要なタリの一つであるコオクロル鳥、オウゴンヒワあるいはカイツブリが描かれている。〔神話時代に〕コオクロルは若い女で、他の少女たちとハインの精霊の役を練習していた。その時「太陽」が不意に現れ、初めて女たちの策略を悟る。彼女は「太陽」に怯えるあまりこの鳥に変身して飛び去り、あるいは近くの沼に飛び込んだのだった。[129] 写真中央の男の図柄は、「西天」の象徴である風だろうか。そして右の男の図柄は「南天」の虹かもしれない。この時のいずれの写真を見ても、男の髪は短い。一世代のうちにこれほど大きく彼らの生活は一変したのだ〔セルクナムはかって長髪だった〕。一九二三年頃には大半の者が羊牧場で働いていた。口髭を蓄えた男も多かった。これが「昔日」であれば、不快なことと思われただろう。

次の写真54では、右側にいるのが最年長クロケテンの母、アクキオルだ。彼女にトインと同じ模様が描かれているのは奇妙だ。アクキオルは彼女の夫ハリミンクと同じ「西天」の者なのだ。前にも述べたように、ハリミンクは自分と同じ親族集団の女と結婚したことで厳しく批判されていた。グシンデが言うように、女たちはこのケワニクスの彩色に関して特に意味を考えたりしなかったので、アンヘラと同じく、アクキオルも父方の図柄を使わなかったのかもしれない。残る二人の身元は不明だ。中央の少女は全裸に近く、体の大半を彩色している。

ケワニクス最後の写真55には、アンヘラ・ロイヒが中央、その右にイムシュタが写っていて、「西天」のタリ、若いオスのグアナコであるクラトウィンが見られる。アンヘラによれば、彼女の天は「北」なのだが、一九二三年の時は彼女のショオンの者がいなかったので、母親のタリである「西天」の図柄を使ったのだという。[130] 左の若い女性はエリクで、彼女も「西天」の者で、イムシュタと同じハルウェンだった。だが彼女のタリはイムシュタのものとは異なっている。この二人の女性はこの数年後亡くなってしまった。エリクはウシュアイアで、イムシュタはビアモンテで、共にはしかの流行が原因だった。アンヘラが本文に多く登場するのは、一九六七年から亡くなる一九七四年まで、私たち二人がよく一緒に仕事していたからだ。彼女は自分の民族の経験を私と分かち合うのを喜んでいるようだった。そして自分が覚えている人たちを、一人として混同したりしないよう念を押した。その人数は結局合わせて三千人に上った。

グシンデの描写の才に感服しつつも、「全てが語り尽くされた」今となっても——本当は全てではないにせよ——疑問が残る。彼はなぜケワニクスの場面が参加者にとって「全祭典中で最も素晴らしく楽しいものだ」と書いたのだろうか。一九二三年のハインでは、各自のタリを彩色して練り歩いたのは、おそらく男女合わせてもせいぜい二、三〇人だっただろう（写真に残っているのはケワニクスの場面のために彩色した一六人のみ）。これ以前の時代のように、数百人もの裸の男女が彩色した体を顕示している様を想像してみるといい。この文化が崩壊し始める前、ハインの参加者はそれくらいの人数に上ったのだ。[131] 記憶力に優れ、鋭い観察眼を持つ狩猟採集民にとって、それは息をのむような光景だったことだろう。そして、三つの基本色とさまざまな大きさの線と点だけからなる模様、タリの意味を読み取るのは、意欲をかきたてられる難題だったに違いない。五つないしそれ以上の異なるタリを身につける権利をもっていた者は、一人しかいなかったはずだ。おそらく誰もが隣人や親族が「身につけている」ものを熱心に読み解こうとしたことだろう。その者がそれをつける権利があるのか、そのタリはホーウィンのどの人物もしくは出来事の象徴なのか――。彼らはまた図柄の仕上げの美しさも気にしただろう。そう、確かにケワニクスの「行進」は素晴らしい光景で、心躍るものだったに違いない。

❖――10 女性限定

▼女たちが通過儀礼を風刺する

一九二三年のハインの初日、クロケテンたちが「ショールトと闘っている」間、子どもたちと宿営地に残された女たちはただ漫然としていたわけではない。アンヘラに言わせると「悪さを企てる」のに忙しい者がいたのだ。部外者にとっては、大胆でとても意味深いいたずらに思えるものだ。女たちの一団が、ハイン小屋とは反対側の、宿営地から少し離れた森へ入って行く。上半身は裸だが、ハインの初日なのでそれぞれの天の象徴を彩色している。顔は木炭を塗るか、白で彩色していた。全員、男が使うグアナコの毛皮の三角巾をしている。

クロケテンの母親の一人がショールトの役をし、別の一人がクロケテン役になる。フェデリコはこのことを母親から聞き、役を演じる二人の女は姻戚関係でなければならない、と言っていた。二人は通過儀礼を真似て取っ組み合う。他の者たちは周りに立ってけしかける。中の一人が「クロケテン」に向かって叫ぶ。「つかまえろ！　つかまえろ！　倒されるんじゃないぞ！」、シェ・ウン！　シェ・ウン！　マタ・マ・キス・エ！　一九六六年にロラがこの行事を思い出し（別のハインの時のことだが）、同じような表現をしていた。

祭典の間ならいつでも、特にショールトの来訪がことさら不穏だった後は、女たちは宿営地をのし歩いては小屋に入り、ショールトがするのと同じように、中にいた女を棒で突くふりをしたり籠で殴りかかったりしてみせた。女たちは息がつまるほど腹をかかえて笑った。女ショールトはそれらしく二の腕を曲げながら、去っていくのだった。女か少女が狩りから戻って来るクロケテンの真似をすることもあった。重たいグアナコをまるまる一頭背負ってあがきながら、さまざまな種類のキノコが詰まった籠をいくつか引きずっていくのだ。疲れ果てたかのような重い足どりで小屋の一つへとよろめき入る。それがハイン小屋のつもりで、持ってきた荷物をサルペンへの貢物として捧げるのだ。女たちは淫らな道化者、ハイランの真似もした。

アンヘラによれば、「男たちがハイン小屋の中で忙しくしている間に」こうした遊びをしたのだそうだ。しかしサルペンをからかうことは決してなかったし、「死んだ」クロケテンの葬列もまた然りだった。こうしたことは「とても大事なこと」だったから、とアンヘラは強く言っていた。

男たちは女たちのこうした「遊び」を知っていたのかもしれない。しかしそうだとしても、真剣に受けとめてはいなかった。

▼母親たちが息子の真似をして遊ぶ

ハインの祭典においては、母―息子の関係がこの上なく重要な意味をもっていたのは明らかだ。その表れは多々あるが、その中にお茶目で愛情のこもった、ハネと呼ばれるものがある。ハネとは普通「善い人」という意味なのだが、ここではクロケテンとなった息子の物真似をする母親を指す。クロケテンの母親が亡くなっている場合は、代わりに親族の女が祭典の間ハネ役になる。他の女がクロケテンの母親役となるのだが、この二つの役を演じる女たちは従姉妹か姻戚関係でなければならない。クロケテンにはそれぞれ一人のハネがいる。これはアンヘラが語ってくれたことだ。

グシンデの記述では、この芝居をハネとはしていない。ただ単に、ハインの期間クロケテンの息子たちが味わうことになる苦しみを思い、母親が悲嘆に暮れている様子だ、としている。最年長クロケテンの母親（アクキオル）は通過儀礼のなりゆきを思い、ほぼ一晩中息子の運命を心配して過ごした。明け方、彼女は、まどろみから目覚めた自分の息子のふりをしてもごもごと呟く。マシェンケン・ハウシュ・ヤ、「ものすごく眠たい（寝過ごした）[132]」。

私の息子は今やクロケテンだ。まだ子どもだった頃、あの子はうちの周りで楽しそうに遊んでいた。いつも元気で楽しげだった。他の子たちと遊ぼうと、うちを抜け出して近所の小屋へ行くのが好きだった。あの頃あの子は本当に元気いっぱいだった……。それが今ではクロケテン……。あの「大きな小屋」の中に座っている。あの子はうまく切り抜けるかしら？　ああ、心配でたまらない！　あの子は苦しい目に遭うんだわ……あそこであの子に何が起こるのやら……息子が大変な目に遭っている！　こう言うと、彼女はすすり泣き、呻き、泣き叫ぶ。そして泣き止む……。またも彼女は楽し気な息子の真似を始める。元気いっぱい自分の小屋の周りを走り回り、楽しそうに飛び跳ね、近所の小屋へ行ってわめき立てる。「うちの息子はこうやって小屋から小屋へ走り回っていたわ。誰もがあの子を見ると大喜びしたものよ！[133]」

グシンデは、こうした行動に対する満足のいく説明が思いつかない、と述べている。この時の二人のクロケテンがいつになく若い、と男たちが言っていることに彼は注目した。

「このため母親は息子の姿の再現という安直な遊戯をするのだ」。さらにこうつけ加えている。「クロケテンの母親たちはみな、たいてい自分たちだけで子どもであるかのように遊ぶ。（彼女たちは）まるで幼い子どものように、宿営地のあちこちで歌い、踊り、走り、飛び跳ねる[134]」。グシンデはその潜在的な意味に気づいていなかった。

これに関してアンヘラが以下のように語ってくれた。クロケテンの母親は、息子の子どもらしい所作を真似る。歌い方や口笛、ジャク・ホピン（ねえ、君）、と叫ぶ様子、そして母親に示すいたずらっぽく愛情のこもった態度。別の女がその母親役を演じる。息子のふりをしている本当の母親は、男の子なら誰もがするように他の「男の子」と喧嘩して、倒れこんだり小突き合ったりする。彼女はまた、息子がよくそうしていたように、ある小屋に行っては入口のところにじっと立ち、ひとことも言わずに中にいる者たちを見つめたりした。

この四、五年ほど前、アンヘラの最初の夫ニルソンがクロケテンだった時には、ハウシュの女ヨイモルカが彼のハネを務めた。ニルソンの母親は亡くなっていたので、母方の祖母のヨイモルカがハネとなったのだった[135]。

アンヘラはまた、一九二〇年にエステバンがクロケテンだった時のことも思い出した。彼の母親はティアルという名で、エステバンの父親役の女を相手に息子の物真似をして騒いでいた。「父ちゃん、父ちゃん、ねえ、遊びに行こうよ」、ジャ・ケエ、カイネ、ジャク・ホピン・ティレエメ。

フェデリコもエステバンと同じハインの時にクロケテンだった。フェデリコの母親アトルは、息子そっくりなこわばった足どりでしばしば森から宿営地に現れたが、一抱えの草や死んだカモ、鵜《ウ》、卵などを運んでいるふりをしていた。彼女の妹、フェデリコの叔母の小屋へまっすぐ向かうと、その時どきに合わせ、息子が子どもの頃言っていたのと寸分違わぬ調子でこう言った。

　母ちゃんがかわいそう、だから（履物に使う）草を持ってきた。ジャ・タジン・ジャミ・フシュル・クエウン。
　母ちゃんがかわいそう、だから小鳥をいくつか持ってきた。
　母ちゃんがかわいそう、母ちゃんに卵を取ってきた。

アトルは他にも、フェデリコがシャーマン（ソオン）ごっこをしながら詠唱したやり方を真似してみせた。また彼が子どもの頃したのとそっくりに、木に登って大声で歌い、叫び、口笛を吹き、クアウス（ミナミスズメフクロウ）などさまざまな鳥の鳴きまねもした。

ロラの従姉妹ニコラサは、その時のハインに参加していたが、アトルの演じるハネが可笑しくてたまらず、それが始まると座り込まずにはいられないほどだった。アトルはやせっぽちだったから難なく木に登れたが、ニコラサは太りすぎで登れなかった、とアンヘラは言っていた。時どきニコラサはアトルに向かって怒鳴った。「あんたの父さんが来たよ！」、アイアイン・ミル・ウィネ。アンヘラはしまいにこう言った。「あの頃は本当に楽しかった。面白いことがいっぱいあったのよ」。

最後の仮説——秘密は誰のものだったのか

ハインは実にさまざまな視点から見ることが出来るだろう。私は最後に「秘密」の問題に焦点を当て、分析してみたいと思う。祭典に現れる精霊たちは男が扮装したものだということを、女たちは本当は知っていたのかどうかということだ。女たちはわかっていない、それは自分たちだけの秘密だ、とセルクナムの男たちは確信していた。だが、そうだったのだろうか？　これまで、ハインの祭典を儀式と演劇の両面から扱うという分析方法を示してきた。そうすることで、このまさに本質的な疑問に答えうる仮説をまとめられるかもしれないと考えたからだ。

ハインの祭典が演劇だということは、母権制に対する男たちの大いなる反乱という、神話上の逸話が例証となるだろう。その中で女たちによるハインの「精霊」が、女たちの扮装にすぎないと「太陽」が見破っている。強大な力を持つ母族長「月」が、女ショールトを宿営地へ送りこんだことを思い出してほしい。それに対する男たちの反応を見て、ハイン小屋を襲撃する計画があるかどうかを探ろうとしたのだ。女たちは宿営地へ近寄って行き、宿営地を通る女ショールトのことを男たちがどう言うかと、聞き耳を立てる。男の一人が言う――「あれが本当にショールトかどうかわかるものか」。別の男が怒鳴る――「女たちの誰かが、体に色を塗ってるだけなんじゃないか？ それを俺たちはショールトだと信じるってわけだ！」。こうした言葉から、精霊は実在すると思われていたことがわかる。男たちが女たちを非難するのは、精霊をでっち上げたからではなく、精霊の化身だと偽り、そのふりをしたからなのだ。後に、男たちも同じことをする。女たちがやったのと同じように、精霊になりすますのだ。それも、異性を服従させるという同じ目的で。

ハインは儀式であると同時に劇場でもあったが、儀式という文脈において超自然的な存在を呼び出したのだった。それはセルクナム族にとって現実の一部であり、彼らが「感じられる」ものとして、固く信じていた社会と自然界の一部だったのだ。こう分析してみると、ショールトの役に取り組む男たちの真剣さや、仮面を扱う際に示す敬意の説明がつく。ハインの祭典が単に女たちを欺くための演劇、茶番、まやかしだったなら、超自然的な存在や力を登場させようとは考えなかっただろう。

ハインは劇場であると同時に儀式であり、さらにショールトは「太陽」、サルペンは「月」の象徴だ、というのが私の見解だ。だが「秘密」の問題がまだ残っている。女たちはだまされていたのだろうか？ 私はそうではないと思う。男たちの秘密などではなかった――これが私の仮説だ。だがその「動かぬ」証拠はあるのか？ 本文に記してきたアンヘラとフェデリコの証言が、充分その要求に応えていると私は思う。二人の証言は一九二三年と一九二〇年のハインだけでなく、一九一八年頃のものにも基づいている。ニルソンがクロケテンだった時、そのハネとなったヨイモルカについてアンヘラが話してくれたが、それは一九一八年のハインでのことだ。当時、そして一九二三年まで、ハインのことを知る部外者はまずいなかった。これはつまり、女たちのショールトとクロケテンごっこもハネの「遊び」も、間違いなく伝統的なものだということ、女たちが「秘密」を知っていたということを示している。また、女や子どもたちがケープの隙間から〔精霊の姿を〕のぞいていた（既述）という付随的な情報からも、彼らがショールトの演じ手やその他の「精霊」が一族の男だとわかっていたのは明らかだ。「女性限定」の会話や意見交換の場で交わされた親密なおしゃべりを、盗み聞きすることはもはやできない。だがアンヘラやフェデリコの追憶、そしてグシンデのおかげで、ある程度女たちのお芝居のことがわかった。また二つの「遊戯」（前述したうちの2番と3番）では、男も女も、女が「異性間の戦い」の勝者だというふりをするのもわかった。これはどうやら儀式でも演劇でもなく、単なるお慰み、純粋な娯楽だったようだ。男たちは、女たちがこの戦いから何か〔神話時代のこと〕を連想するかもしれない、などという心配は全くしていなかった。そして女たちもそんな連想はしていなかっただろう。どちらにせよ、もし女たちが秘密を知っていたとしたら、そんな風に〔遊戯と神話時代のことを〕関連づける必要もない。だがたとえ秘密を知っていたとしても、女たちは従うべき掟があることもわかっていた。男たちがだまそうとしている企みを、見て見ぬふりをしなければならないということだ。そうなるとむしろ「秘密」は女たちの方がもっていたことになる。

男と女それぞれが社会における自分たちの立場を守ろうとしていたのだ。男たちは女たちをだましていると信じ切っていた。一方、女たちはだまされているふりをしなければならないとわかっていた。だが、サルペンがクロケテンを虐殺する死の場面で泣き叫び嘆いていた時も、女たちは演技をしていたのだろうか？　そうではない。女たちはその場面の演出に呑まれて、心から泣き、涙していたのだ。加えて、地下世界には本当に精霊がいて、サルペン（「月」？）がそうした惨たらしいふるまいをすることは、男だけでなく女たちにもわかっていた。

もう一度簡単にまとめると、ハインは宗教的で危険な、同時に芝居がかった心躍る儀式でありかつ楽しみだった。演《だ》し物と祭典を兼ねた大がかりな見世物だという考えに基づいた、扮装、踊り、詠唱、道化芝居などの芸術的創造の場だった。言うことを聞かない妻を懲らしめ、若者を訓練し鍛える目的をもっていた。「役者」も「観衆」も同じようにこの祭典に熱い思いを抱いたのは、こうした複雑で豊かで実利的な内容をもっていたからかもしれない。ほぼ全ての鳥と山、風、虹が、ホーウィンの「祖先たち」の偉大な、あるいは恥ずべき行いを想起させ、その多くがハインで象徴として甦るのだった。男性支配の社会で女たちが感じていただろう不満が表されている場面や遊戯もあった。女の気持ちと男の気持ち、ハインはこの対照的な感情をともに包んでいたと思う。数えるほどしか残っていなかったセルクナム族だが、彼らには「かつてのあらゆること」への熱い思いがあり、それゆえ最後の最後までハインにこだわり続けたのだった。

V

その後のこと ①

一九二三年、六月の末頃、グシンデは体調が極めて悪いと感じていた。壊血病の症状が現れ、その後すぐ貧血にもなった。急いで何らかの医療処置を受ける必要があると彼は悟ったが、それはこのセルクナムが住む地を離れなければならないことを意味していた。それもすぐに。時期は真冬で、出て行く道はただ一つ、山脈を越えて行く道しかないということも彼にはよくわかっていた。それからビーグル水道沿いにあるハーバートン牧場へ戻る。そこで少し休んでから、（大陸側の）プンタ・アレナスまで乗せてくれるボートを見つけ、「救い」を得ることが出来るだろう。だが、あの山脈を真冬に徒歩で越せるだろうか？ しかもこの弱った体で？ 南方を見ると、高さ四千フィート〔約一二〇〇メートル〕を超える山脈はすでに雪で覆われている。一面、雪また雪、他に何もない。苦境に立たされた彼は、四、五日悩み思案したことだろう。そしてテネネスクに話を持ちかける。七月上旬のある午後、グシンデは言づけをしてテネネスクに自分の小屋へ来てもらった。自分が出て行かねばならないことと、その理由、そして山脈を越えて行くと決めたことを、グシンデはとまどいがちに伝える。「老人」は答えた。「気でも狂ったのか」。そしてそのような馬鹿げた案は、話し合う気にもなれないと言った。加えて、テネネスクにとってこの話は全くもって寝耳に水だった。彼を納得させる必要があることはグシンデもわかっていた。同時に自分の体の状態がかなり悪いとも感じていた。その後まもなくして、彼は病状が日々悪化していることを再びテネネスクに話してみる。彼の返事はこうだった。

セルクナムでさえ、一人として冬にあの山脈を越えた者はいない。それをお前ができると言うのか？ そんなことをしたら、まず死んでしまう。見てみろ、辺り一面雪に埋もれている。みんなここに居ろ。春になれば、危険な山越えをやってみることもできる。[2]

そんなに長くは待っていられない、とグシンデは感じていた。そこで、友であり同居人でもあるトインに打ち明けてみる。彼もまた、その計画には耳を貸そうとしなかった。だが気前のよい報酬が約束されると、グシンデへの心からの友情もあって、思案に思案を重ねたあげく、トインは送って行くことに同意した。二人の同居人で親友のホテクスも、グシンデの提案にはあまりにも成算がなく、危険すぎると思った。グシンデ自身こう認めている。「私は彼らの言うことを理解できなかったし、またしたいとも思わなかった。実を言うと、私は高山の危険についてまるで知らなかった。もし知っていたら、きっともっと慎重になっていただろう」。テネネスクはこのことを聞いて逆上した。グシンデはこう記している。

　彼は私たち一人ひとりに対して誠実だった。そして現実的な危険を考慮して状況を判断した。私の愚かさに、彼は激昂しかけた。私に理を説こうとして彼は怒鳴った。「人生を弄ぶな。何がしたいんだ？　お前たち三人とも間違いなく死んでしまうぞ。みんなとここに居るんだ」。

その時グシンデは自身の計画を予定通り、しかも早く進めなければならないと悟る。さもないとトインとホテクスの気持ちが変わるかもしれないからだ。他の男たちもはっきりと、どうあっても三人が発つのは許されないと言っていた。

　三人は旅の準備にかかった。まずは最も大切な火の準備だ。トインとホテクスは、フリント〔火打ち石〕、黄鉄鉱それに火口の入った普段から使っている小袋を用意し、マッチ箱もいくつか持った。次に雪靴だ。八〇センチ×二〇センチの板に、足を縛るための皮きれを取りつけた。その次は銃だ。古いものだったが、途中でちょっとした獲物を仕留めるには十分だった。いやではあったが、グシンデは原稿や本、写真道具をテネネスクに委ねて行くしかなかった。春になると、テネネスクは約束を守って（いつものことだが）グシンデの持ち物一式を、島のある牧場主のもとに送り、後で荷物が目的地（プンタ・アレナス）に無事届いたか確かめてくれた。

出立が迫った頃、グシンデとテネネスクは長いこと話し合った。グシンデは、自分が苦しんでいる以上に、テネネスクが彼のことで苦い思いをしていたと述べている。テネネスクは自分の小屋でじっと座って考え込んでいる。最初にグシンデが口を切った。「我が良き友よ、私がこれ以上ここにいられない理由はただ一つ、体調がとても悪いからだ。明後日私は発つが、すぐにまた帰って来るから、絶対だよ」。テネネスクは首を振りつつ、長いこと虚ろな目でグシンデを見やっていた。それから顔を背けると、ささやくようにグシンデに話しかけた。まるで全ての希望を失ったかのようだった。

わしは何度もくり返しお前に言った。お前が行ってしまえば、わしらはもう二度と会うことはなかろう……。あのとてつもない雪を見ろ。どこもかしこも。あの山々を今、越えようなどと考える者はいやしない。ここに居るんだ。うまくいくはずがない。嵐に遭って雪に閉じ込められるぞ。言うことをきけ。みんなと一緒に居ろ。お前が家に帰って来なかったら、親父さんがどんなに泣き悲しむか考えてみろ。長い間待ったあげく、あの山脈でお前が凍え死んだという知らせを聞かされるはめになるんだぞ。親父さんはどんなに泣くことだろう。そしてわしを咎めてこう言うだろう。「息子はテネネスクの小屋で暮らしていた。雪があんなにどっさり積もった真冬にあの山々を越すなんて誰にもできないと、あの爺さんにはわからなかったのか。なぜ息子にそう言って宿営地に引き留めてくれなかったのか？」となる。親父さんはお前を思って泣き、お前を行かせたことでわしを責めるだろう……。一緒に居ろ。お前のことが心配でたまらんのだ。

テネネスクは頑として認めなかったようだ。彼の言葉には説得力があった。これ以上、何が言えるだろう？　グシンデは彼を安心させようとした。すごく頼りになる二人の男たちと一緒なのだと。テネネスクが言い返す。

お前たちが山越えをしている最中に、ひどい雪嵐とハリケーン並みの風が襲ってくるだろう。お前ばかりか二人の連れまでも命を落としたらどうなる？　それを考えろ！　お前の、お前一人の責任だぞ。わしの警告に耳を貸さなかったのだから。親父さんのことも、お前を待っているおふくろさんのことも考えない……お前の頑固さには全く参ってしまう。わしは警告したぞ。わしらはもう二度と会うことはないだろう。

グシンデは「奇妙な不安にとりつかれ」た。テネネスクの言葉は、これから本当に起こる危険を予言したものなのか、それとも彼らが出て行ってしまうのを悲しんでのことなのか？　しかしグシンデは、その九〇〇頁後ではテネネスクを指して「やくざ者」と呼び、その言葉を引用している。「お前が行ってしまったら、家族を養うためにまたグアナコを狩らねばならん。ここには男が少ない。もう『大きな小屋』で芝居を続けられなくなる」。これに対しグシンデは、「このやくざ者が心配しているのは自分の利害のことだけで、ハインの遊戯の見事さについて言いたてれば、私を引き止められると期待していたのだ」。

グシンデは持ってきた贈り物をもう全て分け与えてしまっていた。そして今（出て行く直前）、残っていたもので役に立ちそうなものは全てみんなに与えた。だが、すぐまた戻って来ると保証していたにもかかわらず、グシンデに出かけるついでに何かお使いを頼む者は一人もいなかった。自分でもそれは守れそうもない約束だとわかっていたのを、彼は（読者に）認めているふしがある。みんなの助力と厚意に対してグシンデは心から感謝した。日々心地よく過ごさせてもらったことと、「民族の伝承として最高のもの」である興味深い祭典の行事をともにさせて

56▶1923年7月13日、グシンデ、
自分の小屋に別れを告げる。

もらったことに対して。「暗澹たる時」や嫌な経験もあったが、彼はこう書いている。「彼らの誠実さと助力を、私は決して忘れることはないだろう」。

次の節では、三人の徒歩による行程が述べられている。ペスカドス沼から、来る日も来る日も山脈を越え、ビーグル水道岸にあるハーバートンを目指したのだった。

一日目——七月一三日夜明け。グシンデは、これまでかくも忘れがたい時を過ごしてきた「みすぼらしい」小屋に最後の一瞥を投げかけた（写真56）。そして「粗暴な男たちと慈悲深いその妻たち」に別れの言葉を述べ、悲し気な愛らしい子どもたちを慰めた。彼（と二人の道案内）が森の中へと消えて行くと、『影の狩人』が行ってしまう」という声が何度か上がった。この表現をグシンデはセルクナム語で「マーンカチェン」と書いている。一九一九年に初めてテネスクの一団と会って、写真を撮ろうとしたときにつけられたあだ名だ[3]。深い雪を漕いで、トインの足跡を残り二人が踏みながら真直ぐ山脈を目指したが、進むにつれその足どりは重くなっていった。四時頃にはすでに暗くなっており、三人は疲労で参っていた。雪の中で火を起こしてみたものの、熱で周りの雪が解け、火はどんどん深く雪の中へ沈んでずっと下の方まで行ってしまうので、彼らはあきらめて寒気にさらされて寝た。

二日目——厳しい寒さのため誰も眠れなかったので、三人は夜明け前に出立した。歩くにつれ雪は深さを増していき、さらに午前一一時頃には激しい嵐となった。二時間後、彼らはちょっとした避難所となりそうな藪を見つけ、夜はその下で野宿した。嵐はひどくなり、グシンデが寒さで目を覚ますと「白いもの」で覆われていたのだった。

三日目——翌日は山の上から吹き下ろしてくる猛吹雪で、三人は足止めをくらっていた。だが午後になる頃には、止むのを待ちきれなくなっていた。森から出る前でさえ、持ってきた肉は尽きかけていたのだ。グアナコなど一頭も見当たらない。テネネスクのもとへ、ハインへ戻った方が良いのではないか。三人は思案した。その周りでは雪が渦となって吹き荒れ、火は風に揺らめくばかりで暖をとることはほとんどできなかった。

四日目──夜明け前。雪は止み、風もおさまっていた。彼らは急いで出発した。高い木々の森を出ると、険しい上り坂が待っていた。グシンデはこう記している。空腹でたまらないうえに疲労困憊、衰弱しきっていたので、道案内の二人について行くのがやっとだった、と。「とてつもない雪の塊」がうずたかく積もっており、彼らが歩いていたのは木々の天辺だった（間違いなくブナ科の灌木ナンキョクブナ）。先達のトインは、雪靴を履いていてもほとんど一歩毎に膝の上まで雪に埋もれる。辺りには身を寄せる場もなく、また薪も一本もないので、早く頂上まで行かねばならなかった。ついに三人は頂にある一番高い岩にたどり着く。そこは北側（大西洋側）と南側（太平洋側）の大分水嶺だった。頂上の雪は強風で表層部が吹き飛ばされ、底の凍結部があらわになっていた。この時、南風（南極から吹き寄せてくるので最も厳しい）が襲ってきた。グシンデにとって最悪の時の始まりだった。

ハリケーンは情け容赦なくわれわれを鞭打った。私は四、五回転んだ。それから目を開けていられなくなった。五分後、私はよろめくとそのまま気を失い、雪だまりに倒れ込んだ。何が起こったのかは後でトインが教えてくれた。

意識のある二人は救助策として手荒い方法を選んだ。凍てつく風から身を守ることが必要だということがトインにはわかっていた。四〇メートルほど下った所に広く深い裂け目があり、最近降った柔らかい雪が積もっている。

彼とホテクスはグシンデを持ち上げると裂け目へ放り込んだ。すぐさま二人もそのそばへ飛び降りた。そしてなんとかグシンデを雪の中から引っ張り上げると、また山を下りて行ったのだ。およそ六〇分程下ると樹木限界線に達し、森が広がっていた。二人は森の中で火をおこすとグシンデを傍らに寝かせ、体をひっくり返しては全身を両手で摩擦してやる。何分かすると、マッサージと焚火の熱のおかげでグシンデは意識を取り戻した。彼が目を開けると、二人の救い主は安堵の吐息を漏らした。彼は次第に回復していった――肉体も「精神力」も。ホテクスが足からおびただしい血を流していたので、グシンデは自分の下着を包帯がわりに使い止血してやった。トインの銃は壊れてしまっていた。彼の顔の半分にはひどいひっかき傷がいくつもある。グシンデは固い雪にさらされた手と腕が痛んだ。糧食はほとんどなく、服は裂けてボロボロだ。だが彼らは山脈の南側にいて、危機を脱していた。グシンデがまだ持っていたわずかばかりの砂糖とチョコレートの最後の一切れを出し、三人で分け合った。そして彼らはまた出発した。比較的ゆるやかな下りだったが、みな疲労のあまりほとんど感覚が麻痺していた。トインとホテクスはよろめきつつもグシンデを支えていった。その晩もまた三人は野外で寝た。

五日目――そして最終日。この日、川は一面凍りついていて、楽に渡ることが出来た。グシンデは疲労困憊し、話すのもまっすぐ立っているのもやっとのありさまだ。ついにハーバートン牧場の家屋が見えてきた。午後三時頃、ノルウェー人の管理人、ニルソン氏が三人を歓迎してくれた。ニルソンは自分の目が信じられなかった。冬に山からやって来た者などこれまで一人もいなかったからだ。そのような危険を冒すなど考えもつかないことだった。彼は手厚く三人の面倒を見た。

トインとホテクスは翌日には元気になっていた。「あの危険な状態から逃れることができて、私たちはみな嬉しくてたまらなかった」とグシンデは述べている。彼はその後の三日間床につき、二人の連れは彼の回復を待った。

それから三人は馬で次の牧場へ向かったようだ。宣教師ジョン・ローレンスが所有するレモリノという牧場だ。グシンデは以前そこで二、三年間にわたり四、五回、隣接の集団ヤマナ族の調査をしたことがあった。彼はトインとホテクスが春までのふた月そこにいられるよう手筈を整えた。彼らは二度と冬に山脈を越えたりはしないということで意見が一致した。トインがグシンデに「深刻な面持ちで」語ったのはこの時のことだ。

テネネスクは警告していた。あの人は偉大なソン（シャーマン）だから、途中で不意にひどい嵐に見舞われるのがわかっていたんだ。あれほど危険な目に遭うと知っていたら、あんな向こう見ずな真似はしなかったよ。

嵐に関しては、自分の追憶よりもトインの飾らない述懐の方がグシンデには印象深かったのかもしれない。続く二、三行を彼はトインへの賛辞に費やしている。「私を凍死させようとした氷の鉤爪から奪い返してくれたトインの勇気を、私は決して忘れることはないだろう」。

「影の狩人」は間もなく小型のボートに乗ってマゼラン海峡を渡り、プンタ・アレナスへ戻って行った。結局彼はそこからさらに別のフエゴの集団、彼がハラクウルプと呼ぶ集団（アラカルフあるいはカウェスカーという名の方がよく知られている）の研究にとりかかった。一九二四年の四月には、彼はサンチャゴに戻っていて、ティエラ・デル・フエゴでの「長い苦心の調査」に締めくくりをつけていた。

一方、ティエラ・デル・フエゴではテネネスクその他の者は、さらに一〇週間ハインを続けたが、それはただ二人のクロケテンを教育し訓練を施すだけのものだった。男たちはハリミンクの息子、年長のアルトゥロのことを特に案じていた。もっともっと鍛錬が必要だと感じていたのだ。年輩者の一人が述べている。「あの子は、あと三年はクロケテンでいるべきだ。そして以前の厳しいやり方であしらうのだ。そうすればきっと良くなるだろう」[4]。

この時のハインは九月の終わり近くまで四か月以上にわたって続いた。春が来て、そして去っていった。だが翌年（一九二四年）のある時、大変な災いが襲った。はしかの流行だ。その年の冬、テネスクとその妻カウシア、その他多くの者が亡くなった[5]。ルーカス・ブリッジズが事の一部を語っている。

オナ族の土地を席巻し、残っていた者の七〇パーセント以上を滅ぼした二回にわたるはしかの流行――その何年か前にヤーガ族の土地を席巻していた――がなければ、彼らは民族として生き永らえていたかもしれない。最初に疫病がおきたのは一九二四年で、ある白人の家族がリオ・グランデに持ち込んだのだった。ウィル（ルーカスの弟）はたいていビアモンテに居たのだが、それが何なのか気づき、オナ族にこう忠告した。できるだけ散り散りになって昔のように森に隠れ、同族の他の者とのつながりを一切断つのだ、と[6]。

ベルサ神父もまたこの疫病がはしか（最悪の感染症の一つ）だと見極めていた。

はしかがこの領地（ティエラ・デル・フエゴ）で猛威をふるい、インディオたちをひどい目にあわせた。特にビアモンテとサン・パブロ（かつてのテネネスクの領地）がひどかった。伝えられるところでは一〇〇人が死んだという[7]。

右の引用文で述べられているのは、この二つの農場のことだけだ。明らかにテネネスクの宿営地とその付近のことは記録されていない。アルトゥロの不品行について、年輩者たちはもはや心配する必要がなくなった。テネネスクその他多くの者とともに、彼もまたはしかで亡くなったのだった。年下のクロケテン、アントニオはこの事態を生き延びたが、不運なことにある男を殺してしまい、まだ若かったのに監獄の中で亡くなった。

私はロラの言葉を思い出す。

死、死、死。何人死んだことやら。墓地を見て、いっぱいよ。本当にたくさんの人が死んだのよ、毎日。トラックが死者を山積みにして行ったわ。みんなコリオット・クワキ（白人病）で死んだの。母親と一緒に赤ちゃんも。可哀想に。まだ結婚前の若い娘も若い男も。墓地の広いこと。[8]

彼女の言う墓地とは、ファニャーノ湖からさほど遠くないロロという牧場の一区画にあった。牧場は後に製材所となった。

疫病の流行を放置しておくと、たいてい再発することになる。次の流行は記録ではその五、六年後のことで、前回と同じくらい凄まじいものだった。ルーカスは続けてこう記している。「この賢者（ルーカスの弟）の忠告に従った少数の者は、最初の勃発時は逃れることができたが、結局二回目でその餌食となってしまう。それがこの地域を見舞ったのは五年後の一九二九年だった」。

その時はまたも多数の者とともに、アクキオルとハリミンクに番が巡ってきた。[9] この二度におよぶ疫病は、未来のないことを告げる弔鐘のようなものだった。一九三二年、ビアモンテでルーカスを迎えてくれたのは「哀れなほどわずかなオナ族の顔」だった。最初の疫病を生き永らえた者たちは、島の中央部でハインを行い、デセアドという湖の近くにハイン小屋を建てた。五人の若い男がクロケテンで（ロラの息子の一人を含む）、一〇人ほどの成人男子と女一人（ロラの母親）が参加した。二か月後、グアナコがあまりに少なくなったので、彼らはもう少し南のクララという川の近くへ移り、ハインを続けた。クロケテンの訓練だったと思われる。それほどの少人数でどうやって切り盛りしたのかは何とも言いかねる。

まさに最後となったハインは一九三三年頃のことで、これもデセアド湖の近くだった。これを組織し、仕切ったのはチャプレという名の男だった。彼はハインについてそれほど知っていたわけではなかったが、何年も前のその世紀の初め頃、彼はクロケテンだった。その時はルーカス・ブリッジズが祭典を見に訪れている。このハインではどうにか二人の若者が通過儀礼を受け終えた。チャプレはアンヘラの息子ビクトルにもクロケテンになってほしかったのだが、ビクトルは断った。母親がセルクナムで、近くの牧場で働いていたセグンド・アルテガも断った。アンヘラはチャプレのことを、「善い人」で、ビアモンテ牧場で「トラみたいに」働いていたと語っていた。

この二度にわたる疫病を生き永らえた者の中に、ロラ、アンヘラ、そしてメスティソのフェデリコ、ガリバルディ、セグンドがいたのだった。

ブリッジズは一九四七年、最後にティエラ・デル・フエゴに戻った時のことを、こう書いている。

> それにしても「火の国」の今日のありさまは何としたことだろう？　この物語が始まった時、七〜九〇〇〇人の土着の人びと——ヤーガン、オナ、アウシュ、アラカルーフ——がこの地に住んでいた。それが今や（一九四七年）純血のインディオの人数は一五〇に満たず、混血の者もそれよりはやや多いといった程度だろう。最新の人口調査では白人の数は九五六〇に上る……[10]。

さらに二〇年後には、自らの文化について何らかのことを知っているセルクナム（オナ）は、一五人程度だった。

セグンド・アルテガはその一人で、彼は齢を重ねるにつれ、他の男たちと同じくセルクナムの伝統に対する思いが募ってくるのだった。私たちは長年親しくつき合い、私が島を離れている時は手紙のやりとりをした。他の人たちがみな亡くなった後も（フェデリコが一九七九年、ガリバルディが一九八一年）リオ・グランデに何年にもわたって戻り続けたのは、主にセグンドに会うためだった。彼は、母親やリオ・グランデに近いサレジオ会のミッションで知り合った別のセルクナムのこと、羊牧場で一緒に働いていた仲間たちの思い出を喜んで語ってくれた。また、セルクナム語で話すのが好きだった。だがフェデリコと、大人になってからはずっとパタゴニアで暮らしていたもう一人のセルクナム、パブロ・パチェコが亡くなってからは、セルクナム語で話す相手をなくしてしまった。

セグンドが他界した（一九八八年）後は、両親がセルクナムだった最後の人びとの一人にビルヒニア・コニンキテル（またはコクセン・テレ、「体・細い」という意味で、彼女の祖母の名）がいた。彼女の父親はナポレオンというあだ名で、前述の最期のハインでクロケテンだった。彼女もまたサレジオ会ミッションで育てられた者だった。後にパタゴニア本土へ送られ女中として働き、そこからブエノスアイレスへ行くことになる。何年も経ってからリオ・グランデの善意ある市長（エステバン・マルティネス）が彼女を見つけ出し、アルゼンチン人の高齢の夫とともに先祖の土地に戻って、年金と住む場所を与えられた。彼女は一九九九年、五六歳の時、孤独とアルコール中毒、そして心臓発作に見舞われて亡くなった。彼女は最期の言葉の中でこんなことを言っている。「それにしてもなんでみんな私のことをいつも悲しそうだ、と言うのかしら？　私が昔を懐かしんでいろんなことを思い出しているからでしょうね。良いことも悪いことも。悪いことの方が多かったけどね」。

セルクナム族とハウシュ族の悲劇的結末は考えるだに辛く、重苦しい気持ちになってしまう。ロラ・キエプヒャは北方の「パイサノたち」、アメリカと呼ばれる広大な大陸のインディオたちに向けて歌いかけることで、きっと未来への扉を開いていたのだろう。だからこの本は彼らに捧げられている。

原注

本文中で引用したロラ・キエプヒヤ、アンヘラ・ロイヒ、フェデリコ・エチュライネ、エステバン・イシュトンおよびルイス・ガリバルディ・オンテの話は、ほとんどが未公表で、筆者が一九六五〜八五年にかけて原稿に起こしたものだ。スペイン語から英語への翻訳は全て筆者による。本書以前に公表されたものを除き、注で右のことをくり返し述べることはしない。

はじめに

（1）「オナ」はヤマナ族の言葉。「カヌーの民」ヤマナ族は、セルクナム族と隣接して暮らしていた。「オナ」は「北」を意味する言葉だ。ヤマナ族にとって、セルクナム族はアオナ・ヤマナ、「北の人びと」であり、彼らの土地イスラ・グランデは、オナシン、「北の土地」だった。これらの語はさまざまに綴られている。L. Bridges, 1987, p.62. T. Bridges, 1987. Furlong, 1917, p.48. Gusinde, 1982, I, p.111-113.

（2）Gusinde, 1982, I, p.114, p.116-120. L. Bridges, 1987, p.194, p.443.

（3）Gusinde, 1982, I, p.120.

（4）ハインの詠唱の完全な一覧は、*End of a World* という拙著の第二版、七章で参照できる。

I　セルクナムの神話

（1）マルティン・グシンデはこの神話を「女のクロケテンの起源」と名づけた。以下の内容は主に、一九二三年時、ハインの指導役テネスクが語ったのをグシンデが記録したもので、ウィルバート（Wilbert）が英訳している（一九七五年）。最初の神話の引用文はグシンデの文章から引いたものだ。これとその後の神話の内容は、L. Bridges, 1987, p.412, それにロラ、アンヘラ、フェデリコ、ガリバルディの話に拠っている。この情報提供者たちに関するさらに詳しいことは、Chapman, *End of a World*, 2002 参照のこと。

（2）グシンデはこの神話を「男のクロケテンの起源」と名づけた。引用した話は前節の神話と同じ文献を参照（ただしL・ブリッジズのものを除く）。

（3）この円形の行程はハイン小屋の設計に表れている。Ⅳ章参照。

（4）L. Bridges, 1987, p.424-425.

（5）Gusinde, 1982, II, p.872-875, p.1048.

II　セルクナムの社会

（1）Popper, 1887, p.4.

（2）Gusinde, 1982, I, p.349.

（3）Chapman, 1982, p.109. セルクナム社会の男性上位に関しては、エリティエの洞察（Héritier, 1996, p.215-235）参照。

（4）Gusinde, 1982, I, p.113.

（5）Chapman, 1982, p.59-60.

（6）グシンデのこの見積もり（1982, I, p.135）は以下のようになされた。イスラ・グランデの面積はおよそ四万八〇〇〇㎢で、そのうちおよそ三万五〇〇〇㎢に二つの集団が住んでいる。一〇人の家族を維持するのに一〇〇㎢が必要という設定で、三五〇〇～四〇〇〇という数字を得た。

（7）Agostini, 1956, p.287-297. L・ブリッジズ（1987）はインディオ殺しで最も悪名高い二人の人物について、マッキンチ、ダンシング・ダンという別称を用い、かなり頻繁にふれている。それぞれ本名は、ホセ・メネンデスの羊牧場「プリメラ・アルゼンチナ」の管理人マクレナン（MacLennan）そしてその助手サム・イスロップ（Sam Islop）。Chapman, 2002, Chapter 2. Gusinde, 1982, I, p.135-162. Lipschutz and Mostny, 1950, p.43-44. Martinic, 1973, p.1989-1990.

（8）Gusinde, 1982, I, p.54. 次段落の一八八九年の誘拐については p.152-153.

（9）L. Bridges, 1987, p.384-387, p.428.

（10）Gusinde, 1982, II, p.809, p.984 およびアンヘラとフェデリコの証言による。

（11）Gusinde, 1982, II, p.798, p.800, p.1033.

III　三人の中心人物

（1）Gusinde, 1982, I, p.119.

（2）*Ibid.*, p.156.

（3）Lahille, 1926, 1934, part IV, p.3.

（4）L. Bridges, 1987, p.213.

（5）*Ibid.*, p.410, p.411. ルーカスの原文と、ルーカスとの会話に基づいてハインについて書いた著者たちに関する論はChapman, 1982, p.173-174 の注参照。著者たちの大半はルーカスから引用したことを記していない。

（6）L. Bridges, 1987, p.428-429.

（7）*Ibid.*, p.478.

（8）Gusinde, 1982, I, p.65-86.

（9）*Ibid.*, p.86-89.

（10）*Ibid.*, p.89-93.

（11）*Ibid.*, p.97-98.

（12）*Ibid.*, p.98-100.

（13）Gusinde, 1982, II, p.795-797.

（14）グシンデはこの時のハインに参加した人数に関して明記していない。その数は彼が寄贈した子羊の数と写真に撮った人の数から計算できるだろう。ハインは五〇日間続いたが（グシンデがいた間）、一人の男が三日ごとに一頭の子羊を受け取ったとすると、一人一七頭（3×17＝51）受け取ることになる。つまりおよそ二一人の男が得したことになる（360を17で割ると21・2）。さらに写真から参加した男の数を判断すると、ケワニクスの行進で写っているのは一〇人だけで、男根の儀式では八人だ。これに二人の指導役と二人のクロケテン、さらに二人のクピンを加えると二四人になるが、このうち二枚の写真に写っている者もいる。写真に写っている女は一〇人だけだ。合わせて三四人くらいということになる。これに精霊たちを加えると、その人数は確実に五〇人以上になる。

(15) Gusinde, 1982, II, p.952, note 156. 他のことでも彼女への言及がある（I, p.385, II, p.597-598）。

IV ハイン

(1) アンヘラの証言。L. Bridges, 1987, p.272, p.318, p.366-367, p.373, p.401. Gallardo, 1910, p.150-152, p.160.（ブリッジズは、ガラルドの本に載っている顔の写真は手が加えられたものと見なしている。彼の著書p.526参照）。Gusinde, 1982, I, p.206-209.

(2) ガラルドは緑の塗料が使われたとしている（Gallardo, 1910, p.153）。彼の言う緑、「クリー」はこの名を持つ小型インコの神話に関したことかもしれない。この鳥は北から緑と赤色の葉を運んで来たとされる。アンヘラもまた緑色があったと述べていたが、トールという語を使っていた。この語はおそらくボーヴォワールの著作（1915, p.160）で緑を表す語とされたktornと同じものであろう。しかし他の資料には緑色の塗料があったとは書かれていない。

(3) Gusinde, 1982, I, p.206-207. L. Bridges, 1987, p.366-367。

(4) Gusinde, 1982, II, p.1102.

(5) Gusinde, 1982, II, p.889.

(6) アンヘラの証言。Gusinde, 1927, p.169, 1928, p.38, 1982, I, p.388-392.

(7) Gusinde, 1982, II, p.856. Chapman, 1982, p.112. 全神話の英訳はWilbert（1975, p.165-170）参照。

(8) Gusinde, 1982, II, p.1033-1051. 本文の内容は、グシンデがもっと詳細に記した祭典の描写（II, p.797-1033）と、その他一九二五年、一九二六年、一九五一年、および一九六四年の彼の著作、並びにブリッジズ、ゼノーネ、ロラ、アンヘラ、フェデリコの証言に基づいている。

(9) Gusinde, 1982, II, p.969.

(10) フェデリコの証言による。グシンデは、演じ手が仮面を被るのを手伝ってもらったとしか述べていない。

(11) Gusinde, 1982, II, p.824-826. グシンデはクピンを案内人とし（p.823, note 38）、固有の名を記していない。

(12) *Ibid.*, p.827.

(13) L. Bridges, 1987, chapter 42. フェデリコの証言。Gusinde, 1982, II, p.829-834. および Zenone, 1977.

(14) Gusinde, 1982, II, p.827.

(15) *Ibid.*, p.828.

(16) *Ibid.*, p.829. 実際は、一九二三年のハインでは二人のクロケテンは一緒に通過儀礼を受けた。

(17) *Ibid.*, p.830。

(18) Fuentes Rabe, 1922, p.173.

(19) L. Bridges, 1987, p.421. Gusinde, 1982, II, p.831, p.835. Zenone, 1977.

(20) Gusinde, 1982, II, p.830.

(21) フェデリコの証言。Zenone, 1977.

(22) フェデリコの証言。Gusinde, 1982, II, p.831.

(23) フェデリコの証言。ロスロプ（Lothrop, 1928, p.93）は、クロケテンが「痛みに耐えられることを示すために、木切れを腕に押し付けられて火傷を負わねばならなかった」と断言している。アンヘラ・ロイヒによると、これはよくある瘢痕文身の技法〔皮膚を切ったり灼いたりして、その痕跡で肉体に文様を描く〕で、痕が残るように傷口に灰を擦り込むという。誰もが手や前腕部にこのような印をつけていた（アンヘラもそうだった）が、ハインの期間中にクロケテンが瘢痕文身を施されることはなかったという。

(24) L. Bridges, 1987, p.420-421. Zenone, 1977も参照のこと。

(25) Zenone, 1977. グシンデ（1982, II, p.994-995）はこの儀礼をもっと詳細に描写している。クロケテンがセルクナム語で何度もくり返した語句が引用れているが、それらはゼノーネが引用したものとほぼ同じだ。ただしゼノーネはクロケテンが自分で仮面を体の上へずり上げていったとしているが、スペイン語訳されたグシンデの引用文ではショールトがやったかのように描かれている。

(26) ガリバルディの証言。Zenone, 1977.

(27) Gusinde, 1982, II, p.833.

(28) この最後の問いは、ガリバルディがクロケテンの時にテネスクから問いかけられたもの。

(29) L. Bridges, 1987, p.422. フェデリコ、ガリバルディの証言、Furlong, 1910, p.223-224. Gallardo, 1910, p.331. Zenone, 1977に書かれているもの。

(30) フェデリコ、ガリバルディの証言。Gusinde, 1982, II, p.1012. Zenone, 1977.

(31) Zenone, 1977.

(32) フェデリコ、ガリバルディの証言。Gusinde, 1982, II, p.834-836, p.1010-1012. Zenone, 1977.

(33) Gusinde, 1982, II, p.903.

(34) *Ibid.*, p.1035-1050.

(35) L. Bridges, 1987, p.413. Chapman, 1982（p.175, note 12）の、ブリッジズが記したショールトに関する記録についての論評を参照。

(36) フェデリコと違ってグシンデ（Gusinde, 1982, II, p.851-852, p.861, note 85）は、美しく彩色され「見事だ」がクテトゥは下位のショールトだとしている。一九二三年のハインに参加したアンヘラ・ロイヒは、「西天」のホーウィン・クテトゥは第一のショールトで、ティル・コシュ（斑をつけるため）指を使って彩色された、と語っていた。

(37) フェデリコの証言の他に、グシンデ（Gusinde, 1982, II, p.861）も、ショールトのフクロウを真似たクテトゥの動きについてそれとなく触れている。

(38) L. Bridges, 1935, p.36, 1987, p.413. アンヘラとフェデリコの証言。

(39) L. Bridges, 1935, p.36.

(40) グシンデ（Gusinde, 1982, II, p.816, p.850-851, p.909）は四つの基本方位、あるいはオイシュカ＝中枢の柱そしてそのショールトと、三つのシクスカ＝補助的柱及びそのショールトを区別していなかった（次項参照）。

(41) Gusinde, 1982, II, p.816, p.850-851, p.909. 柱と主要なショールトを記す際、私の綴り（1982, p.100-103）はグシンデの書き方（Gusinde, 1982, I, p.395-399, p.402-406）と幾分異なっている。彼は名前を訳そうとはしなかったので、最初の三つがハウシュ語で、残る四つはセルクナム語だと気づいていなかった。また、七本の柱のうち四本が、族外婚最大の単位である基本方位、あるいは天を表していることにも気づいてなかった。ハウシュ族もセルクナム族もともに、少なくとも最後の繁栄期にはこの分割、あるいは天の区分に従っていた。前述のII章及びChapman, 1982, p.80-86参照。

(42)「天」（ショオン）と「大地」（ハルウェン）の違いを認識しておくことは大切だ。前者は最大の禁婚区分であり、後者も禁婚ではあるがもっと狭い親族の範囲、親族集団《リネージ》とそれが引き継ぐ領地のことで、しばしば「地域的な親族集団」と呼ばれる。私が調べた限りでは、グシンデ（Gusinde, 1982, II, p.816-817, p.909）はショールト七人の名前に関しては正しかったが、四人の配置を間違えていた。彼は三人を北、二人を南、一人を西、一人を東と結びつけている。そのうち「北」（テリル）、「南」（シェイト）、「西」（シェヌ）のショールトはそれぞれ正しい柱の位置に配置しているが、残る四人については間違えていた。故に七人のショールトに関する以降の描写でグシンデの資料は部分的に参考するに留めた。彼の過ちは、ショールトが表している四本のかなめの柱と、三本の補助もしくは中間の柱の区別がついていなかったことによる。また彼はハイン小屋を構成する各柱の位置について、十分な知識を得ていなかった。確かに、儀式小屋の中で男たちが出自（「天」）に従って座る場所を柱が示しているのは知っていたが（p.851）、四本の主柱が族外結婚（禁婚）の集団を表していることや、この四つがショオン＝「天」の主要な区分であることは知らなかったようだ。同じ（基幹の）「天」に属している二人はソス・ショオン（一つの天）という関係となり、親族ではない（異なる領地＝ハルウェンに属している）場合でも結婚は禁じられていた。その他の三本の柱は補助的あるいは中間的（全員のための）柱であり「天」であり、実際には四つの中心的「天」の一つに含まれていた。要するに、柱に関するグシンデの文章とハイン小屋の図を全て鵜呑みにすることはできないのだが、それは致し方ないことだった。Chapman, 1982, p.50-52, p.54-57参照。

(43) アンヘラの証言。L. Bridges, 1987, p.436-437. Gusinde, 1982, II, p.557-558, p.816-817, p.909. これはアナホリフクロウ（Speotyto cunicularea）だろう。

(44) Gusinde, 1982, II, p.909. アンヘラの説明では、黄色っぽい砂（ウールスス）の色がシェイトフクロウを表すためにショールトの体に塗られるということだった。

(45) グシンデ（Gusinde, 1982, II, p.823）は、トインがショールトを演じたとしか述べていないが、それは明らかに南のショールトだったと思われる。

(46) Gusinde, 1982, II, p.553-554.

(47) しかしアンヘラの説明によれば、白い斑は雲を表しているのだという。斑は掌の付け根の部分を用いてつけ、晴れた日に空に浮かぶ雲の効果を出すのだそうだ。雲は「西天」と結びつけて考えられた。

(48) グシンデは写真に写っているこのショールト（彼はパウス

と表記）を「北」に分類している。彼のハイン小屋の図（p.817）では、この柱（#7）は東に面した入口の北側に位置している。おそらくこのせいで北のショールトと勘違いしたものと思われる。フェデリコの説明によると、一九二三年の時は、男たちや精霊が出入りしやすいように、この柱は入口の中央ではなく北側に置かれたということだった。ことによるとグシンデが写真を撮りやすいように、入口は広げてあったかもしれない。

（49）グシンデは「ヨイチク〔ホイチク〕」を南のショールトの中でも最も重要なものとしているが、これは明らかに南西のショールトである。彼の描写（*Ibid.*, p.909）はこの写真と合致している。

（50）ここでグシンデ（Gusinde, 1982, II, p.817, p.909）は、このショールトとその柱をパフイルおよびその柱と混同している。彼の図ではこの二本が入口の両側に位置しており、おそらくそれが原因だろう。写真に写っている中で彼の描写と合致する唯一の南東のショールトは、下位のショールトだ。ただしここに載せた写真では、三本の縞は黒ではなく白になっている。

（51）Gusinde, 1982, II, p.908, p.911.

（52）*Ibid.*, p.910-911, Zenone, 1977.

（53）Gusinde, 1982, II, p.1038-1039.

（54）*Ibid.*, p.1041.

（55）*Ibid.*, p.1039.

（56）*Ibid.*, p.911, p.1041, p.1082.

（57）*Ibid.*, p.1082-1083.

（58）*Ibid.*, p.909-911. 一九八二年の拙著（p.101-102）では、これらのショールトの呼び名を誤認して別のショールトとしている。

（59）この項の主な資料は以下のものである。アンヘラとフェデリコの証言。L. Bridges, 1987, p.414-418. Gusinde, 1982, II, p.914-918, p.1035-1050. Zenone, 1977.

（60）Chapman, 1982, p.113.

（61）アルゼンチン領ティエラ・デル・フエゴ、リオ・グランデ近郊にあった旧サレジオ会カンデラリア伝道会の手書き原稿を、私は参照することができた。だが、それが後に出版され、著者が判明したのはファン・ベルサ神父のおかげである。ゼノーネ神父は当時この伝道会で務めていたので、彼が記したハインはこの付近、イスラ・グランデ北部で行われたものだろう。

（62）Zenone, 1977.

（63）シャーマンがショールトを演じる場合は、まずその力、彼のワイウウィンを放棄しなければならない。そして「演じ続ける」間はずっと、力を持たぬままでいなければならない。さもなければ女シャーマンがワイウウィンにより、その正体を見破ってしまう。

（64）その怒りを鎮めるため、サルペンに肉やその他の食べ物が捧げられる。

（65）Gusinde, 1982, II, p.893-894.

（66）L. Bridges, 1987, p.412, p.414. Gusinde, 1982, II, p.887, 984.

（67）この逸話はL. Bridges, 1987, p.422-424から一部引用。

（68）フェデリコとロラの証言。Gusinde, 1982, II, p.920-930. Zenone, 1977.

(69) Zenone, 1977.

(70) フェデリコの証言による。

(71) Gusinde, 1982, II, p.928.

(72) *Ibid.*, p.925.

(73) *Ibid.*, p.926.

(74) *Ibid.*, p.920-930.

(75) ロラ、アンヘラ、フェデリコの証言。Gusinde, 1982, II, p.890, p.904-906.

(76) アンヘラの証言。Gusinde, 1982, II, p.903-904. 彼は狐に関する大変短い神話を二つ記しているが（Gusinde, 1982, II, p.630-631）、ハインの狐とは関係ないようだ。だが、狩人が殺したばかりの狐に特別な敬意を向けることは、何らかの関係があるかもしれない（Gusinde, 1982, I, p.260）。狩人は狐に、おそらくその魂（メーン）に向かって殺したことを許してくれるよう詫びるのである（L. Bridges, 1987, p.407 参照）。こうした敬意は重んじられていたグアナコを含め他の動物には示されなかった。

(77) 本項の典拠は、アンヘラ、フェデリコ、ガリバルディ、ロラの証言と、L. Bridges, 1987, p.412, p.416. Gusinde, 1982, II, p.880, p.895-908, p.1020-1026, p.1046. Zenone, 1977。

(78) これは奇妙だ。セルクナム族は、同じ「天」の者との結婚を禁じているからだ。この規則はホーウィンの超自然的存在にも適応され、事実上例外はなかった。

(79) 一九八二年の拙著では、自分のメモを誤読して「岩の額」と誤訳している。

(80) Gusinde, 1982, II, p.1021.

(81) この項の典拠も前項と同じ。ただしグシンデの言葉は、II, p.901-902, p.930-937 からの引用。

(82) フェデリコの証言。

(83) Gusinde, 1982, II, p.902, p.931.

(84) Zenone, 1977.

(85) グシンデも私の情報提供者たちも、ブリッジズ同様、一人のオルムのことしか述べていない。おそらくその人数は、毎回異なっていたのだろう。

(86) より詳しくは、Chapman, 1982, p.71-74 および Chapman, 2002, chapter IV を参照のこと。

(87) ロラ、アンヘラ、フェデリコの証言に加えエステバン・イシュトンの証言。並びに L. Bridges, 1987, p.414, p.435. Gusinde, 1982, II, p.901, p.930-935, p.1002.

(88) グシンデによる記述（Gusinde, 1982, II, p.931-932）はそれほど判然としていない。ここでの記述はその本文の一部とクテルネンの写真、およびフェデリコの説明に基づく。

(89) クテルネンを男児にするか女児にするかを決めるのは誰かについての記述は無いが、赤ん坊の性別によってその場面の内容が変わることは無かったようだ。

(90) ロラ、アンヘラ及びフェデリコの証言。L. Bridges, 1987, p.413, p.417-418. Gusinde, 1982, II, p.937-941, p.952, p.963, p.969, p.1043, p.1044. Zenone, 1977.

(91) しかしL・ブリッジズ（L. Bridges, 1987, p.413）は「角のある男の名はハラハチシュだが、ハチャイと呼ばれるのが普通だ」と書いている。ゼノーネも綴りは違うが同じ名〔コタイツ〕で呼んでいる。また私の情報提供者たちも全員この名を使っていた。

(92) ゼノーネの記録によるハインでは、彩色の色合いが幾分異なっている。だが模様は本質的に同じである。

(93) Chapman, 1982, p.144.

(94) ゼノーネも大まかにこの場面を報じているが、これが行われるのは月夜で、女たちは雪玉や泥玉だけでなく棒きれや石さえ投げつけると記している。

(95) ロラ、アンヘラ、フェデリコの証言とGusinde, 1982, II, p.941-944, p.1002-1003, p.1050.

(96) ゼノーネが記録したマタンは、円錐形の仮面を除いて一九二三年の姿とは全く異なっている。夫は左側が赤、右が白に塗られ、その上から黒で斜めの縞が引かれ、膝から下は白い。仮面は半分が赤でもう半分が黒、下の縁には太い白の縞がある。妻の方は、大腿は（トラのような）さまざまな色で彩られ、膝と脛は白地にたくさんの黒い縞がある。仮面もこれと同じ色合いで、先端は明るい赤だった。

(97) ロラ、アンヘラ、フェデリコの証言とGusinde, 1982, II, p.944-951.

(98) Zenone, 1977.

(99) *Ibid.*, Gusinde,1982,II,p.944-951,p.969. p.972, p.1032.

(100) フェデリコの断言によると、クロケテンはサルペンのものなので、クロケテンがクランの役を演じることはできなかった。だがその演者は若くなくてはならなかったので、最近の「卒業生」がその役を演じたという。

(101) コウテイペンギンをティエラ・デル・フエゴで見かけることは滅多になかったが、南極地方から来ることは時々あった。

(102) フェデリコの証言とGusinde, 1982, II, p.951-952, p.1032.

(103) 観衆にはその上半身しか見えなかったが、一九二三年の時、ウレンは全身が彩色されていただろう。北部地域では当時または昔もそのように観衆の前に姿を現していたからだ。グシンデによれば、北部ではウレンはハラハチェスの役を演じるのだという。ハラハチェスの特殊な演技と扮装を考えると、これは奇妙に思える。この二人の精霊に共通な特徴といえば両者とも「道化師」だという点だけだ。

(104) アンヘラ、フェデリコとロラの証言。L. Bridges, 1935, p.37. 1987, p.417. Gusinde, 1982, II, p.952-955, p.969, p.1049. フェデリコによると、タヌという言葉は「古い」という意味のタノという語に由来するという。

(105) 四人のタヌの異なる扮装に関しては、Gusinde, 1982, II, p.953を参照。

(106) フェデリコの証言、Gusinde, 1982, II, p.956-958, p.969, p.1049. グシンデはこの「行列」はハインソ・ヘウワン（ハインソの妻、以下参照）が命じたものと考えた。フェデリコはこれをエワ・ティエンと呼んでいる。エワあるいはヘウワンとはハウシュ語でタヌのことで、ティエンは「求める」という意味だ。彼の説明によると、これはタヌの主催によるものだという。彼女が（流血させるため）男たちを刺してから踊るよう命じるうえ、彼女はサルペンの支配下にあるからだ。フェデリコとアンヘラは二人とも、タヌは「ハインソ・ヘウワン」（またはハインソ・エワ）と同じ者だと言っていた。グシンデはハインソ・ヘウワンとタヌを同じ者とはみなさなかった。だが、前者がハイン小屋の中でこれから始まる踊りの準備として男たちの鼻をつつくのに使う尖った棒を持ち歩いている、と指摘している。そして彼女が男たちにこの行事を「強いる」のだと言っている。タヌも同じ目的に使う同じような棒を持ち歩いていた。だからこれはタヌ、ハウシュ語ではエワ、が主催していると言ってよさそうだ。ハインソ・ヘウワンとはおそらくタヌの別名であろう。

(107) L. Bridges, 1987, p.426-427. Gusinde, 1982, II, p.968. Gallardo, 1910, p.347. 一九八二年の拙著（p.124）ではこの遊戯を「押し合い踊り」と名づけている。グシンデはこれを、クルプシュという地下に住む女性の精霊によって演じられる三つの場面（あるいは遊戯）の一つと考えた。クルプシュはハインの期間にも決して姿を見せず、また誰もその姿を知らない。これらの場面（あるいは遊戯）では、その最中にクルプシュという語またはその異形の語が歌われるので、グシンデはクルプシュが主催しているという印象を受けたのかもしれない。クルプシュが精霊でないとしたら、この語が何を表すのか全く明らかではない。フェデリコの主張によると、これを主催したのは異なる「天」から来た数名のタヌで、いつも夜に（舞台中央の）篝火を囲む形で行われ、タヌたちは少しずつゆっくりと篝火に近づいて行ったという。しかし彼は先達を務める女については何も言っていない。また、例外はあるものの、若い女が押してもよい男は、親族でない者に限られるのだ、とも主張していた。男たちは裸で、（グアナコの）鉢巻とサンダルだけの姿だった、とも言っていた。

(108) アンヘラとフェデリコの証言。L. Bridges, 1987, p.426. Gusinde, 1982, II, p.969-972, p.1041.

(109) グシンデは、この精霊の似姿（たくさんあった）には困惑する、と書いている。ホシュタンは女性の地の精霊で、体は人間だがその動きはカエルのようだ。しかしティエラ・デル・フエゴにカエルはいない。この遊戯をする男たちはホシュタンを真似ている。この場面は、ハパシュカンと呼ばれるハウシュ族の場面の変型だろうとグシンデは考えた。私が調べたところでも、ホシュタンは元々ハウシュ族の精霊だった。アンヘラもグシンデもこの遊戯をホシュタンのものだとしている。アンヘラはこれをホシュタン・ワイステンと呼んでいた。「足を宙に向けてひっくり返ったホシュタン」という意味だ（女たちに押し倒された男たちの様子だ）。しかし、この二人の精霊の本質、その起源とハインの祭典における役割を明らかにするには、さらなる知見が必要だ。

(110) グシンデはこの一連の動きを「カエルのような小さな跳躍」と述べているが、彼はティエラ・デル・フエゴにカエルもヒキガエルもいないことは知っていた。

(111) フェデリコは、若い女が倒すことのできる相手の男は厳密に特定されていると言っていた。つまり夫、結婚相手になるかもしれない姉の夫、傍系の縁者等だ（II章参照）。

(112) フェデリコの証言。L. Bridges, 1987, p.425-426. Gusinde, 1982, II, p.967-968.（彼の二回目のクルプシュ遊戯目撃談）

(113) この最後のしかめっ面についてはグシンデの説明はない。しかし、一九二九年に受け取ったルーカス・ブリッジズからの手紙を引用してこのことに言及している。手紙には、一九〇九年のハインで「北（島の北部）の女たちの中に、ハインには大いなる欺瞞があると勘繰る者がいる」という噂が広まった時、このしかめっ面（及びそれに伴う女たちへの侮辱と脅し）が行われた、とある。グシンデはこれに付け加えて、「男たちがこの奇妙な行動をとるのは、クロケテン（ハイン）の秘密が危うく、その結果いつも以上に女たちを怖がらせなければならないと判断したためだ」と書いている。ショールトが宿営地に赴くのと同様、ここでも男たちが自分たちの「秘密」を守る戦略として、女たちに恐怖の念を引き起こそうとするのが見てとれる。だがこの「しかめっ面の場面」では、扮装もしていない。

(114) L. Bridges, 1987, p.425.

(115) Gusinde, 1982, II, p.956-966. 一九八二年の拙著 (p.123) では、これをクルプシュ踊りの一つとして「波打つ踊り」と名づけている。クルプシュの精霊、遊戯や踊りとの関連については疑問点も生じてきたので、別の研究で取り上げる必要がある。

(116) L. Bridges, 1987, p.425.

(117) Gusinde, 1982, II, p.979-982 が唯一の資料。

(118) フェデリコとアンヘラの証言。Gusinde, 1982, II, p.976-979.

(119) Chapman, 1977, p.141 参照。島北部における厳しい雪嵐の時の飢餓についてアンヘラが話してくれたことを長く引用してある。

(120) Gusinde, 1982, II, p.975-976 が唯一の資料。グシンデはこの儀式を「オチェンヘウアン」と名づけたが、これは正しくない。彼も報じているように、男たちが真似ていたのは確かにアシカであってクジラ（オチェンまたはオチャン）ではないからだ。彼はオチェンを誤って「アシカ」と訳したのだ。だが彼の本の他の個所ではそれは小型のクジラだと正しく定義している（表記はアチェンク）。「女の大地の精霊」としてのオチェンヘウアンに関しての説明は全く無い。またそのことはどの神話にも無い。アシカを表す語はコオリまたはケオリン（オタリア）であるから、この場面はコオリ・ヘウワンと呼ぶのが相応しい。

(121) 前の注参照。元々ハウシュ族のものだったことは、ヘウアンという語からも明らかで、これは精霊タヌのハウシュ語名エワ、またはエワンからの派生語あるいは異なった綴り方である。この物真似は、タヌを称えるためか、あるいはタヌの主催によるものだったのかもしれない。

(122) L. Bridges, 1987, p.427. アンヘラ、フェデリコとロラの証言。Gusinde, 1982, II, p.958-965, p.1043.

(123) L. Bridges, 1987, p.427.

(124) グシンデはタリの表記に「m」に近い発音記号を加えている。彼はそれを「喉の奥からの振動する軟口蓋音」だとしている。

(125) 私はフラミンゴを表すタリを見つけられなかったが、おそらくそれはあったはずだ。

(126) グシンデ（Gusinde, 1982, II, p.960-961）はこのケワニクスの時に使われた一八の図柄を挙げ、そのうち一〇個を写真に収めている。しかしそのうちのいくつかは識別が難しい。確かな知見を得られなかったものはこの一覧に含めなかった。

(127) Chapman, 1982, p.85 参照。

(128) アンヘラとフェデリコの話では、ハインの期間中、女たちは自分のタリを四、五回彩色するということだった。

(129) グシンデ（Gusinde, 1982, II, p.84）は、コオクロルを「カイツブリ」だとして、スペイン語で sumormujo (ave zambullidora) と訳している。L・ブリッジズ（L. Bridges, 1987, p.435）は、この語をオクロホルと書き、小さなアヒルだと考えた。

(130) 一九八二年の拙著でアンヘラの象徴を誤って「北」の象徴

であるクジラだとしているが、ここに訂正する。
(131) グシンデ（Gusinde, 1982, II, p.802, note 19）は、以前は二五〇名を上回るハウシュ族がセルクナムとともにこの祭典に参加したと指摘している。
(132) Gusinde, 1982, II, p.1015.
(133) *Ibid.*, p.1019.
(134) *Ibid.*, p.1019, p.1020.
(135) 一九二三年にグシンデが撮ったニルソンの写真がある。アンヘラとの第一子ビクターはその二年前に生まれている。

V　その後のこと

(1) ハインに別れを告げるグシンデについては、Gusinde, 1982, I, p.101-107、II, p.1031 参照。
(2) ここに記した言葉はテネネスクが言ったとおりのものではない。グシンデもテネネスクもそれなりに流暢にスペイン語を話せたが、参照したのはグシンデのドイツ語の原文をスペイン語に訳したもので、それをここでまた英訳した。
(3) Gusinde, 1982, I, p.82. 最後の音節（アチェン）は単に「取る」、「得る」、「集める」という意味だ。最初の単語の発音は「メヘン」に近い感じで、「像」、「姿」、「影」という意味だ。この語についてはL・ブリッジズが詳しく述べている(1987, p.406-407)。「メヘンの概念については正確に述べることが出来ない。」これに続けて、この語は一つあるいは多数の妄想と実体をともに意味すると述べている。人影、水面に映った姿、また「最も薄い煙の輪のごとく軽く森を漂いゆくおぼろな輪郭のことだ……。初めてオナ族の土地にカメラが持ち込まれたとき、最初原住民たちは写真に撮られるのを嫌がった。反対した理由は、それによって彼らのメヘムの一部が抜き取られ紙に移され、永久に失われてしまうからだった」。Gusinde, 1982, II, p.512-514 も参照のこと。
(4) Gusinde, 1982, II, p.1025. ファーロン（Furlong, 1910, p.225）はこう述べている。「この苦行をひと月も続ければ十分に思えるだろう。だがオナ族はその期間として二年がふさわしいと考える。それを終えた新成年が追放状態から戻って来たとき、その姿はげっそりとやせ細ってはいるが、筋骨たくましく頑丈な勇者となっているのだ」。
(5) Gusinde, 1982, II, p.1005.
(6) L. Bridges, 1987, p.520.
(7) Belza, 1977, p.216.
(8) Chapman, 2002, chapter 1 参照。
(9) L. Bridges, 1987, p.520.
(10) L. Bridges, 1987, p.521.

文献一覧

Agostini, Alberto M. de
1956 *Treinta años en Tierra del Fuego*. 3rd ed. Editorial Peuser, Buenos Aires.

Bayer, Osvaldo
1974 *Los vengadores de la Patagonia trágica.* 3 vols. 4th ed. Editorial Galerna, Buenos Aires.

Beauvoir, José María
1915 *Los shelknam. Indígenas de la Tierra del Fuego. Sus tradiciones, costumbres y lengua.* Librería del Colegio Pío IX, Buenos Aires.

Belza, Juan E.
1977 *En la Isla del Fuego*, [vol.] 3: *Población.* Edición Instituto Salesiano de Artes Gráficas. Edited by Instituto de Investigaciones Históricas Tierra del Fuego, Buenos Aires.

Bornemann, Fritz
1971 P. Martin Gusinde (1886-1969). Mitglied des Anthropos Institutes. *Verbum Supplementum* 15. Collegium Verbi Divini, Rome.

Bridges, E. Lucas
1935 Supersticiones de los onas. *Argentina Austral* 73: 33-39.
1987 [1948] *Uttermost Part of the Earth.* Reprint. Century Hutchinson Ltd., London.

Bridges, Rev. Thomas
1987 [1933] *A Dictionary of the Speech Yamana-English of Tierra del Fuego.* Edited by Dr Ferdinand Hestermann & Dr Martin Gusinde, reprint and new preface by Nataly Goodall, Buenos Aires.

Chapman, Anne
1965-85 Diary of field work in Tierra del Fuego, Argentina (typescript).
1972 *Selk'nam Chants of Tierra del Fuego, Argentina. Vol. I* (shamanistic chants and laments). Folkways Records Album FE 4176. Smithsonian Institution, Washington, DC.
1977 Economía de los selk'nam de Tierra del Fuego. *Journal de la Société des Américanistes,* vol. 64: 135-148.
1978 *Selk'nam Chants of Tierra del Fuego, Argentina. Vol. II* (chants of the Hain ceremony). Folkways Records Album FE 4179. Smithsonian Institution,

Washington, D.C.
1980 Barter as a Universal Mode of Exchange. *L'Homme* 20 (3): 33-83.
1982 *Drama and Power in a Hunting Society. The Selk'nam of Tierra del Fuego*. Cambridge University Press, Cambridge.
1986 *Los selk'nam. La vida de los onas*. Emecé Editores, Buenos Aires (translation of above).
1997 The Great Ceremonies of the Selk'nam and the Yamana. A Comparative Analysis. *Patagonia. Natural History, Prehistory, and Ethnography at the Uttermost End of the Earth*: 82-109. Edited by Colin McEwan, Luis A. Borrero & Alfredo Prieto. British Museum Press, London.
2002 [1990] *End of a World – The Selknam of Tierra del Fuego*. Taller Experimental Cuerpos Pintados, Santiago de Chile.

Clark, Ricardo
1986 *Aves de Tierra del Fuego y Cabo de Hornos. Guía de Campo*. Literature of Latin America, Buenos Aires.

Cooper, John M.
1917 Analytical and Critical Bibliography of the Tribes of Tierra del Fuego and Adjacent Territory. *Bulletin* 63, *Bureau of American Ethnology*, Smithsonian Institution, Washington, D.C.

Fuentes Rabe, Arturo
1922 *Tierra del Fuego*. 2 vols. Valdivia, Chile.

Furlong, Charles Wellington
1910 The Vanishing People of the Land of Fire. *Harper's Magazine* 120: 217-229.
1917 The Haush and Ona: Primitive Tribes of Tierra del Fuego. *International Congress of Americanists*, Proceedings 19: 432-444.

Gallardo, Carlos
1910 *Tierra del Fuego. Los onas*. Cabaut y Cía. Editores, Buenos Aires.

Gusinde, Martin
1925 Geheime Männerfeiern bei den Feuerländern. *International Congress of Americanists* 21: 40-60.
1926 Männerzeremonien auf Feuerland und deren kulturhistorische Wertung. *Zeitschrift für Ethnologie* 58: 261-312.
1931 *Die Feuerland-Indianer, Bd.1, Die Selk'nam. Vom Leben und Denken eines Jägervolkes auf der Grossen Feuerlandinsel*. Verlag Anthropos, Mödling.
1937 *Die Feuerland-Indianer, Bd.2, Die Yamana. Vom Leben und Denken der Wassernomaden am Kap Horn*. Verlag Anthropos, Mödling.
1951 *Hombres primitivos de Tierra del Fuego*. Publicaciones de la Escuela de Estudios Hispano-Americanos de Sevilla, Sevilla.
1964 Die Religionsform der Selk'nam auf Feuerland.

Völkerkundliche Abhandlungen 1: 153-62.

1982 [1931] *Los indios de Tierra del Fuego. Los selk'nam.* Tomo I, 2 vols. Centro Argentino de Etnología Americana, Buenos Aires.

1986 [1937] *Los indios de Tierra del Fuego. Los yámana.* Tomo II, 3 vols. Centro Argentino de Etnología Americana, Buenos Aires.

Héritier, Françoise

1996 *Masculin/Féminin. La pensée de la différence*. Editions Odile Jacob, Paris.

Lahille, Fernand

1934 Matériaux pour servir à l'histoire des Oonas. *Anales de la Sociedad Científica Argentina*, tome 117.

Lipschutz, Alejandro and Grete Mostny

1950 Cuatro conferencias sobre los indios fueguinos. *Revista Geográfica de Chile.*

Martinic B., Mateo

1973 Panorama de la colonización de Tierra del Fuego entre 1881 y 1900. *Anales del Instituto de la Patagonia*, vol. 4: 5-69.

1989-90 El genocidio selk'nam: nuevos antecedentes. *Anales del Instituto de la Patagonia*. Serie Ciencias Sociales, vol. 19: 23-28.

Popper, Julius

1887 Exploración de la Tierra del Fuego. *Boletín del Instituto Geográfico Argentino*, cuaderno IV.

Wilbert, Johannes

1975 *Folk Literature of the Selknam Indians. Martin Gusinde's Collection of Selknam Narratives*. University of California at Los Angeles Press, Los Angeles.

Zenone, Juan

1977 Acta Indiorum. In Belza Juan E., *En la Isla del Fuego*, [vol.] 3: 289-95. *Población*. Instituto de Investigaciones Históricas Tierra del Fuego, Buenos Aires.

謝辞

誰よりもまずタレル・エクスペリメンタル・キュエルポス・ピンタドス（ボディペインティング実験的ワークショップ、サンチアゴ、チリ）の代表者ロベルト・エドワーズに謝意を表したい。この本を出版できたのは彼のおかげであり、スペイン語版そして英語版の編集やデザインと多くのイラストに関して、あらゆる便宜を図ってくれたのも彼だ。ハインの祭典への彼の変わらぬ「情熱」がここにも表れている。

また、タレル・エクスペリメンタル・キュエルポス・ピンタドス文化研究センターの協力が本書の成立に不可欠だった。

マリソル・パルマはこの本の細部にわたり飽くことなく興味を示してくれた。彼女はドイツのアントロポス［人類学］研究所に、マルティン・グシンデがティエラ・デル・フエゴで撮った以下に挙げる写真の出版許可をとってくれた。一九三一年にドイツで出版された彼の偉大な本の写真頁には、以下の写真は含まれていない。

9　牧場労働者となったテネスク、一九一九年
20　ハインの期間中のひとこま、一九二三年
48　男根の儀式用の装飾を施す男たち、一九二三年
50　男根儀式の準備を整えたトイン（左）とおそらくホテクス、一九二三年
52　ケワニクスの行進の最中、一九二三年

熱心かつ丁寧に本文の最終校閲に当たってくれたカロリーナ・オドーネにも本当に感謝している。

クリスチャン・バエズにも、写真13（左から右へ、ウィルヘルム・コパース、アウレリアノ・オヤルスン、マルティン・グシンデ、そして運転手R・ベラ、チリのサンチアゴにて、一九二二年頃）および14（マプチェ・ポンチョを着たグシンデ、一九一七年頃）で大変力を借りた。またロラ・キエプヒャが歌ったハインの詠唱のCDでも一流の腕前を発揮してくれた。

パウラ・オノラトは何カ月にもわたる準備期間中、出版に関する幾多の事細かな事項に関して、ずっと私に連絡し続けてくれた。

カテリーナ・ディ・ヒロラモとマリオ・フォンセカには本のデザインをしてもらった。またカテリーナはコンピューターを駆使して、写真、地図及びハイン小屋の七人のショールト図面（図26）のデザインで素晴らしい仕事をしてくれた。

オフェリア・ダマートは以下の美しい絵を描いてくれた。

7　グアナコ——セルクナム族の命の糧
25　クテトゥ・フクロウ、全てのショールトの扮装にその象徴が描かれている
43　クラン、「ひどい女」

ピーター・メイソンにも大いに感謝している。彼は原稿を読んで有益な忠告を与えてくれ、また本文全部の最終校閲に当たってくれた。私の英文を注意深く訂正してくれたピーター・ケンドルにも同じく感謝している。

私たちはここでアントロポス研究所に大いなる感謝の念を伝えたい。ドイツで出版されたマルティン・グシンデの原著に収められた数々の写真、グシンデの一九三一年の写真集には無いが公表

されたことのあるクテルネンとテネネスクの写真37、および今回が初めての公表となる前記の写真の掲載を許可していただいた。

アルゼンチン、ラプラタ自然科学博物館のマリア・デリア・アレナは親身になって写真10（テネネスク、一八九六年）を加える許可が得られるよう取り計らってくれた。

ルーカス・ブリッジズ『*Uttermost Part of the Earth*（地球の一番遠いところ）』の初版本から写真46（女たちに向かってしかめっ面をする男たち、一九一四年頃）と47（クルプシュ、あるいは「ヘビの踊り」、一九一四年頃）の二枚を載せさせてもらったことにも、私たちはお礼を述べておきたい。

ハインの詠唱をCDにする許可をいただいたワシントンDCのスミソニアン協会民俗文化遺産センターにも私たちの感謝の意を表したい。

私の情報源となってくれたセルクナムの友人たちは、名前を挙げておくとロラ・キエプヒャ、エステバン・イシュトン、フェデリコ・エチュライネ、ルイス・ガリバルディ・オンテ、並びにセグンド・アルテアガだが、みな残念ながら亡くなった。『*End of a World — The Selknam of Tierra del Fuego*（一つの世界の終わり——ティエラ・デル・フエゴのセルクナム族）』と題したもう一冊の本では、彼らに焦点を当てている。これもまたZagier & Urruty 出版が発行している。

アン・チャップマン

図版出典一覧

本書掲載の図版類は以下の提供による。（数字は図版・写真番号）

アン・チャップマン——2

Anthropos Institut,（アントロポス研究所、ザンクト・アウグスティン、ドイツ）——4、5、6、8、9、11、12、15-17、18（顔に施されたペインティングが修正除去された写真。アンヘラが著者に写真撮影のためだけにつけられたものだと語ったことによる）、19、20、22-24、27-36、37（写真の背景が消されている）、38-42、44-45、48-56

Museo de Ciencias Naturales de La Plata（ラプラタ自然科学博物館、アルゼンチン）——10（最初はフェルディナン・ライユによって発表された）

Museo Histórico Nacional（国立歴史博物館、サンチアゴ、チリ）——13

Museo Nazionale Della Montagna "Duca Degli Abruzzi"（国立山岳博物館、トリノ、イタリア）——3

Pitt Rivers Museum（ピット・リヴァーズ博物館、オックスフォード大学、イギリス）——46、47

解説

カナリヤのように歌っていた女たちはどこに行ったの？
昔はあんなにたくさんの女たちがいたのに——
みんないなくなってしまった
ロラ・キエプヒャ、一九六六年、没年の言葉

本書は Anne Chapman, *Hain: Initiation Ceremony of the Selknam of Tierra del Fuego*, Zagier & Urruty Publications, 2008. の全訳である。初めはスペイン語で一九九二年にチリの Taller Experimental Cuerpos Pintados から詠唱のＣＤ付きで刊行されたが、アルゼンチンで英語版がＣＤ別売という形で出版された。

著者アン・チャップマン（Anne MacKaye Chapman）は一九二二年頃、アメリカ合衆国のロサンゼルスで生まれた。国立人類学大学（メキシコシティ）、コロンビア大学（ニューヨーク）、ソルボンヌ大学（パリ）で学び、人類学の博士号を取得した。これらの学府で学んでいる間に、パウル・キルヒホフ、カール・ポランニー、クロード・レヴィ＝ストロースに学ぶ機会を得ている。

彼女はホンジュラスで先住民社会のフィールドワークを始め、一九五五年からトルパン（ヒカケ）族、一九六五年からはレンカ族の研究を行った。一九六四年、フランスの考古学者アネット・ラミン＝オンペレール率いるチリ南部への調査隊に加わり、これが最後のセルクナム族に混じってフィールドワークを行う契機となったことは、本編に詳しく書かれている。その後、セルクナム族にとどまらず、ハウシ

ュ族、ヤマナ族と、ティエラ・デル・フエゴの先住民全般の文化を生涯の研究テーマとした。

彼女はハウシュ族はイスラ・グランデにセルクナム族よりも先に渡ってきた人たちであり、後から来た好戦的なセルクナム族に南東の端まで追いやられたと考えていた。また、ハインの祭典や世界観においてセルクナム族はハウシュ族の文化から大きな影響を受けていると考えた。セルクナム、ハウシュの世界観において東方が特別な意味をもっていることに関心をもち、すでに無人の地となっていたイスラ・グランデ東端へ徒歩、馬の両方で旅をしている（一九七〇年）。また、イスラ・グランデの東端から二九キロ沖合いにあるロス・エスタードス島の考古学調査も行っている（一九八二年、八五年の二度）。

著書には *Drama and Power in a Hunting Society: The Selk'nam of Tierra del Fuego*（『ある狩猟社会における劇と活力——ティエラ・デル・フエゴのセルクナム族』Cambridge University Press, 1982）、*Los selk'nam, La vida de los onas*（『セルクナム　オナ族の暮らし』Emece, 1986）、*La Isla de los Estados en la prehistoria*（『先史時代のロス・エスタードス島』Editorial Universitaria de Buenos Aires, 1987）、*End of a world: The Selknam of Tierra del Fuego*（『一つの世界の終わり——ティエラ・デル・フエゴのセルクナム族』Zagier & Urruty Publications, 2002〔初版一九九〇年〕）、*European Encounters with the Yamana People of Cape Horn, Before and After Darwin*（『ダーウィンの前と後のヨーロッパ人とホーン岬のヤマナ族との遭遇』Cambridge University Press, 2010）がある。最後の著書 *European Encounters...* は七〇〇ページを超える大作で、イギリスの海賊ドレークから始まり、ビーグル号艦長フィツロイ、ダーウィン、伝道師たちや入植者らとヤマナ族との出会いがもたらしたものを丹念に追っている。

学術誌に寄稿した論文も多いが、一部は現在（二〇一七年）も彼女のウェブサイトで閲覧できる(http://www.thereedfoundation.org/rism/chapman/index.htm)。サイトには彼女が撮影したセルクナム族最後のシャーマン、ロラ・キエプヒャやアンヘラ・ロイヒの写真、ティエラ・デル・フエゴの先住民への哀悼詩、ロラ、アンヘラに捧げた詩も掲載されている。

彼女はロラ・キエプヒャの詠唱を録音しており、これはシャーマンの詠唱、鎮魂歌、子守歌などを収録したvol.1（一九七二年）、ハインの詠唱を収録したvol.2（一九七七年）の二つに分けられ、現在もCD、配信の両方で発売されている（Smithonian Folkways）。

彼女はまた、セルクナム族とヤマナ族それぞれの歴史に関する二本のドキュメンタリー映画で共同監督を務めている。セルクナム族に関するものは、The Ona People: Life and Death in Tierra del Fuego, 1977で、ヤマナ族に関するものは、Homage to the Yaghans: The Last Indians of Tierra del Fuego and Cape Horn, 1990。どちらもアメリカのDocumentary Educational ResourcesからDVDで発売されている（http://www.der.org/）。セルクナムのドキュメンタリー映画には、撮影時「最後のセルクナム」と考えられていたアンヘラ・ロイヒが初めてブエノス・アイレスを訪れ、町を散策し、動物園を見学する姿などが、チャップマン自身のナレーションとともに映される。

アン・チャップマンは二〇〇九年にウシュアイアでハインの儀式についての講演を行ったが、これが彼女の最後のティエラ・デル・フエゴへの旅となった。翌年、パリで八八年の生涯を閉じる。

二〇〇七年、メキシコ国立歴史考古学研究所（ＩＮＡＨ）から彼女の評伝*Etnografía de los confines: Andanzas de Anne Chapman*が刊行されている。


貴重な記録・写真を残した「影の狩人」マルティン・グシンデについてはⅢ章に詳しいが、少し補足しておく。グシンデは一四歳でドイツの修道会である神言会に入会した。四度、延べ二二か月にわたって滞在したティエラ・デル・フエゴに関する記録・研究は*Die Feuerland-Indianer*（フエゴ諸島のインディオ）三巻本にまとめられている（一九三一〜三九年、文献一覧参照）。

グシンデはこの後オーストリア・ウイーン大学で本格的に人類学・民族学を学び、博士号を取得した。その後、コンゴ、ニューギニア、フィリピン、南アフリカなどで先住民社会のフィールドワークを行った。第二次大戦後はアメリカのワシントンＤＣでアメリカ・カトリック大学の教授を務め、一九五九年には名古屋の南山大学に教授として赴任し（〜六〇年）、人類学研究所の設立に関わっている。その後、オーストリアに戻り、一九六九年に亡くなった。

彼がティエラ・デル・フエゴで撮影した写真は、二〇一五年、*L'esprit des hommes de la terre de feu* というタイトルでフランスの Editions Xavier Barral から大判の写真集として刊行された（英語版は *The Lost Tribes of Tierra del Fuego*, Thames & Hudson）。この本にはチャップマンの論文も収録されている。写真集には本書掲載の写真以外にもハインのコシュメンクやマタンの写真をはじめ、セルクナム、ハウシュ、ヤマナ、アラカルフ族の多くのスナップ、ポートレートが収録されている。また、グシンデの写真は、二〇一五年、京都国際写真祭の「悲しき『部族 Tribe』」展の中でも展示された。

迫害されていたセルクナム族にとって数少ない寄る辺であったハーバートン、ビアモンテ牧場の息子ルーカス・ブリッジズが、亡くなる前年の一九四八年に発表した著書 *Uttermost Part of the Earth*（『地球の一番遠いところ』）は、長く読みつがれ、現在も入手可能だ（文献一覧参照）。ルーカスは一八七四年、イスラ・グランデのウシュアイアに生まれ、先住民に混じって成長し、セルクナム、ヤマナの言葉が話せた。当時セルクナム族の身内と認められた唯一の白人だ。彼が少年期、青年期を送った時代はティエラ・デル・フエゴの激変期で、先住民が入植者や金鉱探索者らによって殺され、ミッションに強制収容され、疫病で倒れていく様を目の当たりにした。彼は第一次大戦にイギリス兵として従軍し、終戦後は結婚して南アフリカに渡り、牧場経営をした。晩年アルゼンチンに戻り、ブエノス・アイレスで亡くなる。彼が牧場のセルクナムたちとともに、ハーバートンからビアモンテまで拓いた道は「ルーカス・ブリッジズ・トレール」と呼ばれ、現在も歩くことができるが、カナダから持ち込まれたビーバーが繁殖し、川を塞き止めるなどしたため、環境は大きく変わっているという。

ティエラ・デル・フエゴの先住民に関して書かれた文献で日本語で読めるものは多くないが、津田正夫『火の国・パタゴニア』(中公新書、一九六四年)は、セルクナムやヤマナ、とくに迫害の歴史に関して詳しく書かれている。著者は戦時中、通信社の駐在員としてブエノス・アイレスに暮らしたが、大戦末期にスパイ容疑で逮捕、拘留された経験をもつ。戦後、民間出身の大使として再びアルゼンチンに渡り、ティエラ・デル・フエゴを旅し、ビアモンテでトマス・ブリッジズの末娘にも会っている。

紀行文学の名作、ブルース・チャトウィンの『パタゴニア』(芹沢真理子訳、世界文学全集『パタゴニア/老いぼれグリンゴ』所収、河出書房新社、二〇〇九年)も、フィツロイによってイギリスに連れていかれたジエミー・バトンらのヤマナ族の話など、ティエラ・デル・フエゴの先住民に関して多くの頁が割かれている。彼は「ルーカス・ブリッジズ・トレール」を、大変な苦労をして歩いている。

ヤマナ族については、椎名誠をはじめ、一九八〇~九〇年代にパタゴニアを旅した人たちの紀行文で度々言及されている。モンゴロイドの足跡を「逆に」辿る関野吉晴の「グレートジャーニー」はティエラ・デル・フエゴのナバリーノ島から始まっており、ヤマナ族の末裔ウルスラとクリスチーナのカルデロン姉妹に複数回会って話をきいている。藤井正夫『希望の大地　パタゴニア』(丸善ブックス、一九九六年)はウシュアイア、特に悪名高かった刑務所の歴史について詳しく書いている。彼はハーバートンでブリッジズ家の子孫にも会っている。野村哲也『パタゴニアを行く』(中公新書、二〇一一年)も、一九九五年にカルデロン姉妹に会って交わした会話を写真とともに紹介している。

ヤマナ族については、一九九〇年代にテレビ番組でも何度か紹介された。DVD化されたテレビ東京の番組『世界秘境全集』のひとつ「南米パタゴニア」もそのひとつだ。カルデロン姉妹を取材している。イギリスのＢＢＣが一九九八年に放映した「Tracking the First Americans」（「Ancient Voices（古代からのメッセージ）」シリーズのひとつ）は、「アメリカ大陸に最初に渡ったのは誰か」をテーマに、ティエラ・デル・フエゴの先住民について紹介している。セルクナム族の伝統的な生活の様子、若いアンヘラ・ロイヒがミッションでミシンを使う場面などの動画も流される。カルデロン姉妹のインタビューもある。この番組はＢＳ、ＣＳ局で吹替え版が何度も放映されており、ご覧になった方も多いだろう。

ティエラ・デル・フエゴの民は約一万二〇〇〇年前、氷河期の終わりにユーラシアからアメリカ大陸に渡ったモンゴロイドのうち、最も遠くまで旅した人たちとして長く知られていた。だが近年、アメリカ大陸への人間の移動に関してはさまざまな議論が生まれている。古い人骨には、モンゴロイドのものとはかなり異なる、ネグロイド、あるいは現オーストラリア・アボリジニの特徴をもつものなどもあり、ＤＮＡの調査によっても、オーストラリア・アボリジニやニューギニア人と非常に近い遺伝的特徴をもつ部族が南米に複数現存することがわかった。こうしたタイプの人骨はティエラ・デル・フエゴでも多く見つかっている。彼らの祖先はどこから来たのか、今後、新たな発見があるかもしれない。

末筆ながら、マルティン・グシンデの日本滞在時に関する問い合わせに対して、南山大学の人類学研究所に大変丁寧に応対いただいた。本書は人名を出生地の発音を基準に表記しているが、グシンデはドイツ人でありながら自らスペイン語発音で名乗り、翻訳書の表記もそれに準じているため、例外とした。当時のことを知る方に確認していただいた人類学研究所に感謝申し上げたい。

編集部

訳者あとがき

著者チャップマン氏は最初この本をスペイン語で書き、その後自ら英訳しました。その英訳本を見つけ出したのは本書のデザインを担当している、旧友山田英春でした。初めて原書を見せてもらったときは「面妖な」扮装の写真を見て、何と不可思議なと、感じ入ったものです。勧められるがままに翻訳させてもらうことにしましたが、最初はこの奇妙な扮装の謎を知りたいという気持ちが先立ちました。また、著者自身も「ハインの秘密」に関しては謎解き仕立てにして書いています。ただ、読み進むにつれ感じたのは、「ハインは壮大な『ごっこ遊び』だな」ということです。子どものころ「ごっこ遊び」をしていた時の高揚感が思い出されました。非現実の世界を想定し、それに入り込むことでいつしかその世界自体が現実であるように思われてくる……。セルクナムとハウシュの人びとはハインを通して、そんな高揚感を味わっていたのではないか、と考えると彼らが身近に感じられ、羨ましささえ覚えました。梁塵秘抄の歌「遊びをせんとや生れけむ」に通じるような生き方を編み出し、たとえ極寒の地の厳しい暮らしであっても、彼らは生を謳歌していたのだと思います。だからアンヘラも「あの頃は本当に楽しかった」と述懐しているのでしょう。

また本書の端々から感じられるのが、著者チャップマン氏の真摯な態度です（そしてフェミニストであったらしいことも）。セルクナムの末裔の人々と親交を結ぶことができたのも、そのお人柄があってのことだったかもしれません。資料の検討の仕方も実に念入りです。何よりも、近代文明の視点からは異質と映るセルクナム社会の暮らしとハインに誠実に向き合っている姿勢にそれがうかがえます。

セルクナムとハウシュの人びとの精悍な生きざまと、彼らが作り上げた壮大な祭りが失われたことを思うと、郷愁と言ってもいいような感にとらわれます。それと同時に、彼らの暮らしぶりと祭りを楽しむようすは、「生きていくこと」への視野を広げてくれました。ロラ・キエプヒャが大陸のインディオに向けて歌いかけたとき、チャップマン氏もこの二つの気持ちを感じていたのではないでしょうか。献辞と結びの言葉には、氏のそのような思いが表れているようにも思えます。拙い訳ですが、チャップマン氏、そしてセルクナムとハウシュの人々の思いが少しでも伝わることを願う次第です。

大川豪司

二〇一七年三月三一日

索引　図版、写真掲載頁は太字で示した

ア行

カ行

サ行

タ行

ハ行

マ行

ヤ行

ラ行

ワ行

ハインの詠唱の曲目一覧

セルクナム族の偉大な儀式ハインの詠唱。歌：セルクナム族最後のシャーマン、ロラ・キエプヒャ。アン・チャップマン録音（1966年）★。

1-2. *Háichula-Yóroheu*（女）：(1) 夜明け前 (2) 夜明け……04:15
3. *Hoshócherikó*（女）：クロケテンの体が塗られている間……01:33
4. *Kot te hepé*（女）：クロケテンの彩色が終わって……01:37
5. *Ho? Ho? Ho?*（男）：頻繁に……01:39
6. *Hó-kreek*（女）：ショールトを讃える……01:40
7. *Hú ku húu*（男）：ハシェとワクスに……03:15
8. *Ha? ha? ha?*（女）：サルペンを喜ばせるため……01:04
9. *Hoshr k'lich choucha*（女）：サルペンを嘲る……02:33
10. *Ho ho ho / Kulpush*（男）：遊戯2と4の最中に……01:21
11. *Hé hé hé*（男）：遊戯3の間……04:15
12. *Yoyoyoyo*（男）：クランに……02:53
13. *Maukel*（女）：クランに懇願する……01:47
14. *Húp ke kep*（女）：コシュメンクに……03:06
15. *Maudé-en*（女）：マタンに……02:17
16. *Hu? hu? hu?* / Hainxo-héuwan（男）：遊戯1の間……01:21
17. *Hush lish héuwan*（男）：遊戯1の間……02:13
18. *Yó shu xe é yó*（女）：雪よ降るな……02:02
19. *Yó te kó hó ó ru o*（女）：雨よ降るな……01:55
20. *Máa tóni*（女）：クロケテンに……02:46
21. *Yo te ho lí ho ho lí*（女）： サルペンをなだめる……02:07
22. *Hain kojn hórosho*（女）：クロケテンへの哀悼歌……02:15
23. Clapping and clicking（男）：オルムに……00:19
24. *Héj ká rak*（女）：クテルネンを歓迎する……02:52
25. *Halaháches*（女）：ハラハチェスに……01:08
26. First Lola *k'méyu* chant★★……02:39
27. Ejich *k'méyu* chant……02:01
28. Second Lola *k'méyu* chant……01:30
29. First Otrich *k'méyu* chant……01:42
30. Second Otrich *k'méyu* chant……01:53
31. First Huaplé *k'méyu* chant……02:32
32. Second Halupé *k'méyu* chant……01:09
33. Yoimolka *k'méyu* chant……01:05
34. Kauhualpan *k'méyu* chant……02:04

★ハインの詠唱の完全な一覧は Anne Chapman の著書 *End of A World*（文献一覧参照）の VII 章に収録されている。〔上の一覧は Zagier & Urruty から発売された CD のものだが、現在は Smithonian folkways レーベルから CD、配信の両方で購入できる。ただし、曲番が少し異なっているため、同定しやすいよう、曲名を英語表記のままにした。〕

★★ *k'meyu* chant（「クメユ」詠唱歌）：ハインの時に歌う「クメユ」詠唱の持ち歌が、女には各自たいてい一つないしそれ以上あった。

訳者紹介

大川豪司（おおかわ・たけし）

1961年東京生れ。国際基督教大学教養学部卒業。
インドネシアのジャカルタで、在住日本人子弟を対象とした学習塾の講師をして四半世紀過ごす。帰国後は予備校などで受験英語を教えている。

ハイン　地の果ての祭典
南米フエゴ諸島先住民セルクナムの生と死

2017年4月25日　初版第1刷発行
2020年10月5日　初版第3刷発行

著　者　アン・チャップマン
訳　者　大　川　豪　司
発行者　武　市　一　幸

発行所　株式会社　新　評　論

〒169-0051　東京都新宿区西早稲田3-16-28
http://www.shinhyoron.co.jp
電話　03（3202）7391
FAX　03（3202）5832
振替　00160-1-113487

編集・組版・装丁　山　田　英　春

定価はカバーに表示してあります
落丁・乱丁本はお取り替えします

印刷　神　谷　印　刷
製本　松　岳　社

ISBN978-4-7948-1067-0
Printed in Japan

好評既刊

ハイメ・エイサギルレ／山本雅俊訳

チリの歴史
世界最長の国を歩んだ人びと

先住民時代を俯瞰し，国家創設期前後の 320 年間を鮮烈に描いた本格的ラテンアメリカ「自国史」。日本-チリ修好百周年記念出版。

［A5 上製　912 頁　12000 円　ISBN4-7948-0383-4］

ジョン・ジェームズ・オーデュボン

オーデュボンの鳥

絶滅種から身近な小鳥まで，圧巻の野鳥画集初の普及版。世界で最も希少な 19 世紀博物画集より 150 点を精選，オールカラーで再現。

［A5 並製　212 頁　2000 円　ISBN978-4-7948-1138-7

大村香苗

革命期メキシコ・文化概念の生成
ガミオ - ボアズ往復書簡の研究

米・墨両国の人類学創成者どうしの 142 通におよぶ書簡を読み解き，国家の枠組みを超えた人類学的対話を浮き彫りにする労作。

［A5 上製　414 頁　6000 円　ISBN978-4-7948-0723-6］

加藤薫

骸骨の聖母サンタ・ムエルテ
現代メキシコのスピリチュアル・アート

いまや信者数 300 万人超とされるメキシコの精神現象。そこには民衆の手になる「新しい美術」があった！その活力を克明に記録。

［A5 並製　180 頁　2000 円　ISBN978-4-7948-0892-9］

加藤薫

イコンとしてのチェ・ゲバラ
〈英雄的ゲリラ〉像と〈チェボリューション〉のゆくえ

民衆の希望を反映して増殖を続ける〈英雄的ゲリラ〉のイコン。その無数の流用と神話化のメカニズムに「変革」への夢を探る。

［A5 並製　192 頁　2200 円　ISBN978-4-7948-0962-9］

《表示価格：消費税抜き本体価》